Schöningh

EinFach Deutsch

Friedrich Dürrenmatt

Der Richter und sein Henker

… verstehen

Erarbeitet von
Daniela Janke

Herausgegeben von
Johannes Diekhans
Michael Völkl

Bildnachweis

S. 22: aus: Der Richter und sein Henker, Comic, 6. Auflage 2003. Mit freundlicher Genehmigung des Zytglogge Verlags, Oberhofen; S. 24: Daniela Janke/ Verlagsarchiv Schnöningh; S. 41, 78, 94: © picture-alliance/Mary Evans Picture Library; S. 53, 87: © ddp images; S. 71: Die Welt der Atlasse, Gouache, 1965–1978, © Centre Dürrenmatt Neuchâtel; S. 72: © picture-alliance/dpa; S. 73: Foto: Henriette Grindat Yersin © Fotostiftung Schweiz/VG Bild-Kunst, Bonn 2013; S. 91, 98: © picture-alliance

Sollte trotz aller Bemühungen um korrekte Urheberangaben ein Irrtum unterlaufen sein, bitten wir darum, sich mit dem Verlag in Verbindung zu setzen, damit wir eventuell notwendige Korrekturen vornehmen können.

www.schoeningh-schulbuch.de
Schöningh Verlag, Jühenplatz 1–3, 33098 Paderborn

Druck 5 4 3 2 1 / Jahr 2018 17 16 15 14
Die letzte Zahl bezeichnet das Jahr dieses Druckes.

Umschlaggestaltung: Nora Krull, Bielefeld
Umschlagbild: Szene aus dem Film „Der Richter und sein Henker“, © ddp images
Druck und Bindung: westermann druck GmbH, Braunschweig

ISBN 978-3-14-022513-7

Inhaltsverzeichnis

An die Leserin und den Leser

Eine im Nebel liegende Landschaft, eine düstere Atmosphäre und der Fund einer Leiche – der typische Anfang einer Kriminalgeschichte. Hinzu kommt ein schrulliger Ermittler, der scheinbar inkompetent versucht, den Mord an dem Polizisten aufzuklären, während sein junger Assistent fieberhaft an der Lösung des Falles arbeitet und die Fehler des Alten wettmacht. Doch der Schein trügt, denn die Zusammenhänge gestalten sich ganz anders als anfangs vermutet.

Erweckt Bärlach zu Beginn den Eindruck eines schrulligen und amtsmüden Polizisten, so zeigt er sich am Ende des Romans als gerissener und berechnender Fädenzieher, der sein Umfeld in die Irre führen kann und mit seinem taktisch ausgeklügelten Vorgehen Menschen manipuliert und anderen immer einen Schritt voraus ist. Tschanz, sein aufstrebender Assistent, den der Leser zu Anfang als kompetent einschätzt, wird dagegen als Mörder seines Kollegen entlarvt, da er von Eifersucht zerfressen seine Position einnehmen will.

Wer denkt, der Mord an dem Polizisten sei der Kern der Geschichte, hat sich ein weiteres Mal in die Irre führen lassen, denn was zunächst als einfache Kriminalgeschichte daherkommt, entpuppt sich als die große Abrechnung des alten Kommissars Bärlach, der Rache an seinem Kontrahenten üben will, welcher ihn seit Jahren vorführt. Es kommt sozusagen zum Showdown zweier Männer: Gastmann auf der einen Seite, der einst mit Bärlach eine Wette geschlossen hat und ihm nun immer wieder aufs Neue beweist, dass es möglich ist, die schlimmsten Verbrechen zu begehen, ohne dafür belangt zu werden, und Kommissar Bärlach auf der anderen, der zeit seines Lebens versucht, seinem Wettgegner Einhalt zu gebieten. Die Verbindung zwischen diesen beiden Männern, dem Jäger und dem Ge-

jagten, bildet das Zentrum des Romans und am Ende wird deutlich, dass Bärlach mit all seinen Handlungen nur ein Ziel verfolgt hat: die Vernichtung Gastmanns.
Bärlach erhebt sich selbst zum Richter über seinen Gegner, da es ihm nicht gelingt, ihn durch solide Kriminalistik zu stellen, und er macht Tschanz, den Mörder des Polizisten Schmied, unwissentlich zu seinem Henker. Aus diesem Grund ist der Roman „Der Richter und sein Henker" viel mehr als ein bloßer Kriminalroman, denn er thematisiert Fragen der Ethik und rückt gesellschaftlich hochbrisante Aspekte in den Mittelpunkt, sodass der Leser am Ende vor die Frage gestellt wird, wie das Handeln Bärlachs zu bewerten ist. Trägt er am Ende den Sieg davon, da Gastmann die Wette mit seinem Leben bezahlen muss? Darf ein Mensch sich anmaßen, über einen anderen zu urteilen und sich zu seinem Richter zu erheben? Ist nicht jegliche Form der Selbstjustiz zu verurteilen?
Dürrenmatt gelingt es, seinen Roman so zu gestalten, dass immer wieder Aha-Effekte entstehen, da die Handlung unvorhersehbare Wendungen nimmt, die beim zweiten Lesen jedoch offensichtlich erscheinen. Der Roman „Der Richter und sein Henker" birgt also viele Überraschungen und am Ende soll sich jeder selbst ein Urteil über den alten Kommissar und sein Vorgehen bilden. Bärlach hat jedoch bereits über sich selbst gerichtet, denn er weiß, dass er mit seinem Vorgehen eine Grenze überschritten und große Schuld auf sich geladen hat, und so steht am Schluss kein Triumph, sondern ein bedrückendes Ende mit ungewissem Ausgang.
Der vorliegende Band aus der Reihe „EinFach Deutsch ... verstehen" soll Anregungen zur Textinterpretation geben und dabei eigene Sichtweisen ermöglichen und den Blick für Details schärfen. Er liefert interessante Anhaltspunkte zur Personenkonstellation, zum Aufbau des Romans und zu Hintergründen, die ein tieferes Verständnis fördern. Zudem

können zum Zweck einer erfolgreichen Vorbereitung auf Leistungsmessungen die Aufgabenform „Personencharakterisierung“ und textanalytische Verfahren wiederholt und geübt werden.

Viel Freude beim Lesen, Entdecken, Nachdenken und Verstehen wünscht

Daniela Janke

Der Inhalt im Überblick

Der 1950 von Friedrich Dürrenmatt verfasste Roman „Der Richter und sein Henker" scheint zunächst vordergründig die Geschichte eines Mordfalls zu erzählen, nach und nach wird aber deutlich, dass der ermittelnde Kommissar Bärlach noch ein ganz anderes Ziel vor Augen hat, nämlich seinen langjährigen Kontrahenten zur Strecke zu bringen, der aufgrund einer gemeinsamen Wette unentdeckt schreckliche Verbrechen begeht. Da es Bärlach nicht gelingt, ihn auf legale Weise zu überführen, greift er zu einer List und nutzt den Mörder des Polizisten Schmied ohne dessen Wissen, um über seinen Gegner zu richten.

Im Jahr 1948 wird in der Nähe des Bieler Sees in der Schweiz die Leiche des Polizeibeamten Schmied gefunden, welcher erschossen worden ist. Kommissar Bärlach wird als leitender Ermittler in der Mordsache eingesetzt und sammelt auf unkonventionelle Weise erste Informationen, bevor der Tod des Polizisten öffentlich bekannt gegeben wird. Aus gesundheitlichen Gründen bittet er seinen Vorgesetzten Dr. Lucius Lutz um einen Stellvertreter in dem Fall und fordert seinen Kollegen Tschanz an, um ihm (in dem Fall) zu assistieren.

Durch die Begutachtung des Terminkalenders des Verstorbenen stellt Tschanz die Theorie auf, Schmied habe sich mehrfach zu Abendgesellschaften im Hause Gastmanns aufgehalten und sei nach einem dieser Besuche erschossen worden. Somit gerät der angesehene Gastmann ins Visier der Ermittler. Als sie das Anwesen des wohlhabenden Mannes aufsuchen, wird Bärlach von dessen Hund angefallen, worauf Tschanz diesen erschießt. Ein Gespräch mit Gastmann ist jedoch nicht möglich, da sein Anwalt, Nationalrat von Schwendi, sie abweist und erklärt, ein Gespräch könne am nächsten Tag in ihrem Büro geführt werden.

Statt Bärlach aufzusuchen, spricht von Schwendi jedoch bei Bärlachs Vorgesetztem Lutz vor und schüchtert diesen ein, indem er die hohe politische und wirtschaftliche Bedeutung des Wirkens Gastmanns hervorhebt, sodass Lutz einräumt, die Ermittlungen gegen Gastmann nicht weiter fortzuführen. Nicht mehr Gastmann steht jetzt als Beschuldigter da, sondern der Ermordete selbst gerät unter Beschuss, da er sich laut von Schwendi unter falschem Namen Zugang zu den Gesellschaften Gastmanns verschafft und somit wichtige Verhandlungen in Gefahr gebracht habe.

Als Bärlach nach der Beerdigung Schmieds sein Haus betritt, hat sich ein Eindringling Zutritt verschafft: Gastmann erwartet ihn hinter seinem Schreibtisch sitzend und es wird deutlich, dass die beiden sich seit langer Zeit kennen. Ihre Lebenswege sind eng miteinander verknüpft, da sie viele Jahre zuvor am Bosporus eine Wette geschlossen haben, die beider Leben bestimmt hat: Bärlach behauptete, dass jedes Verbrechen mit der Zeit zum Vorschein komme, während Gastmann die These vertrat, es sei möglich, unerkannt Verbrechen zu begehen, da die komplizierten menschlichen Beziehungen und die Rolle des Zufalls dazu beitrügen, diese zu verschleiern. Seitdem begeht Gastmann tatsächlich abscheuliche Verbrechen, ohne dass Bärlach in der Lage gewesen wäre, ihm auch nur eines nachzuweisen. Sie führen ein Leben als Jäger und Gejagter, wobei Gastmann Bärlach überlegen zu sein scheint.

Während Bärlach sich mit der Anweisung des Untersuchungsrichters, Gastmann nicht weiter zu behelligen, zufriedengibt, versucht Tschanz mit aller Vehemenz, weitere Untersuchungen in diese Richtung anzustellen, und sieht ihn als Hauptverdächtigen. Als Bärlach ihm weitere Schritte gegen Gastmann untersagt, erklärt Tschanz erzürnt, er wolle sich die Gelegenheit nicht nehmen lassen, den Fall aufzuklären und sich aus dem Schatten Schmieds, seines ermordeten Kollegen, zu lösen, um die ihm gebührende Anerkennung zu erhalten. Außerdem trifft er sich mit der Freundin des Verstorbenen, Anna, und baut eine Liebesbeziehung zu ihr auf.

Als Bärlach nachts Geräusche hört, sieht er sich erneut in der Situation, nicht allein in seinem Haus zu sein, und kann mit Mühe einem Anschlag entgehen. Am nächsten Morgen ruft er ein Taxi, um den von ihm eingereichten Krankenurlaub anzutreten; Gastmann lauert ihm in dem Wagen auf, um ihn einzuschüchtern. Unbeeindruckt klärt Bärlach ihn jedoch darüber auf, dass er als Richter ihm noch an diesem Tag einen Henker schicken werde, um ihn zu töten. Kurze Zeit später begibt sich Tschanz entschlossen zum Anwesen Gastmanns, wo er auf ihn und zwei seiner bewaffneten Diener trifft und alle drei erschießt. Anschließend alarmiert er die Polizei. Dr. Lucius Lutz lässt verlauten, Tschanz habe aus Notwehr gehandelt, und erklärt Gastmann zum offiziellen Mörder Schmieds, während Tschanz befördert werden soll.

Als Tschanz am Abend Bärlach auf dessen Einladung hin in seinem Haus besucht, ergibt sich jedoch ein ganz anderes Bild: Tschanz ist der wahre Mörder Schmieds und hat diesen aus Eifersucht und falschem Ehrgeiz getötet. Bärlach selbst hat von Beginn an von dessen Schuld gewusst und ein ausgeklügeltes Spiel mit ihm getrieben, indem er ihn immer mehr in Verzweiflung getrieben hat, da er wusste, dass Tschanz einen anderen Schuldigen für den Mord finden muss, um nicht selbst verantwortlich gemacht zu werden. Da Bärlach nur noch kurze Zeit zu leben hat, hat er zuvor Schmied auf Gastmann angesetzt, um Informationen zu sammeln, die ihn belasten. Mit Schmieds Tod scheint zunächst die letzte Möglichkeit vertan, dann aber entwickelt Bärlach den Plan, Tschanz als Henker einzusetzen, da dieser alles tun würde, um von seiner eigenen Schuld abzulenken. Bärlach hat emotional subtil also im-

mer größeren Druck aufgebaut, bis Tschanz seinen langjährigen Kontrahenten erschossen hat.
Nachdem er Tschanz über die Zusammenhänge und die Fallen, die er ihm gestellt hat, um seine Schuld eindeutig zu beweisen, aufgeklärt hat, fordert er ihn auf, die Gegend zu verlassen. Am nächsten Tag wird die Leiche Tschanz' gefunden, der offensichtlich Selbstmord begangen hat. Bärlach selbst soll an diesem Tag operiert werden, damit er noch ein weiteres Jahr zu leben hat.

Die Personenkonstellation

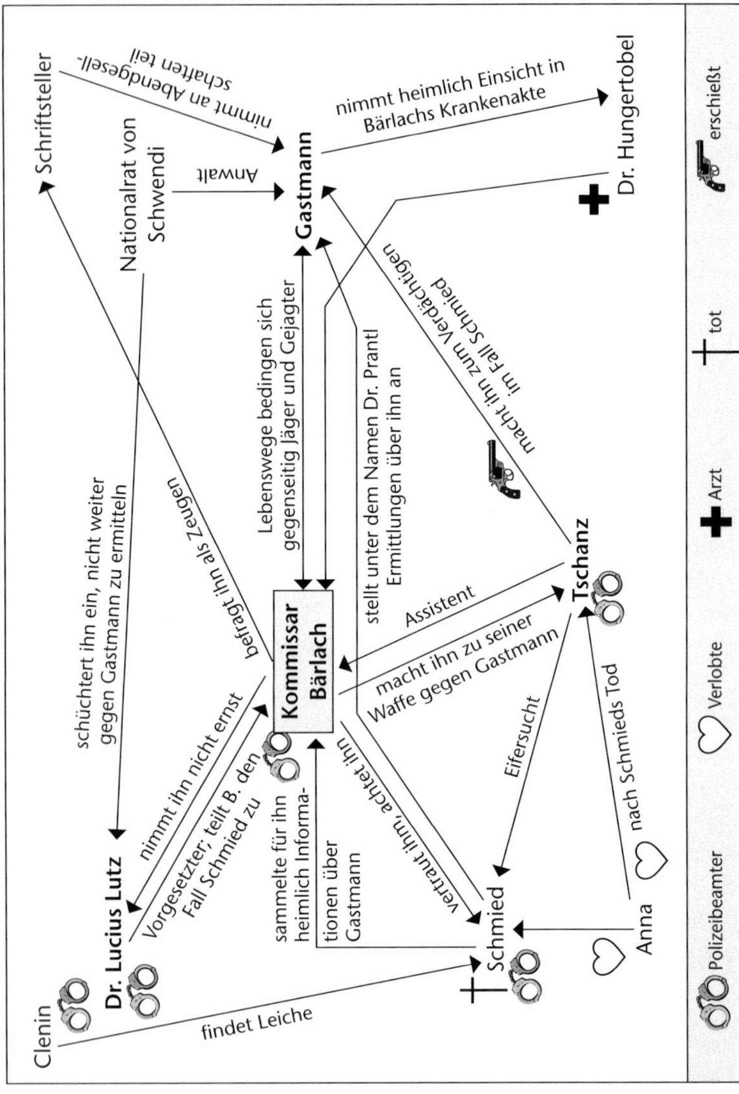

Inhalt, Aufbau und erste Deutungsansätze

Erstes Kapitel (S. 5–12)

Leichenfund

Das erste Kapitel des Kriminalromans beginnt unvermittelt mit dem Fund der Leiche eines Polizeileutnants namens Schmied und dem Umgang mit dieser Entdeckung. Angelehnt an die Polizeiarbeit erfährt der Leser die näheren Umstände des Leichenfunds und erhält eine genaue Beschreibung des Tatorts: Ein Polizist aus Twann, Alphons Clenin, wird am 03.11.1948 auf ein am Straßenrand parkendes Auto aufmerksam und findet so den Leichnam Schmieds, der mit durchschossenen Schläfen in seinem Wagen sitzt. Die Szenerie ist detailreich beschrieben, der Leser wird auf diese Weise Teil eines Ermittlungsprozesses und taucht so in den Fall Schmied ein; er erhält Informationen, die es ihm ermöglichen, im Verlauf des Leseprozesses eigene Vermutungen zum Tathergang anzustellen. Durch Beschreibungen wie „Es herrschte Nebel" (S. 5, Z. 5)[1] erzeugt Dürrenmatt zudem eine unheilvolle Atmosphäre, die den Leichenfund begleitet und den Leser erschaudern lässt.

Wetterverhältnisse als Vorausdeutung

Der einfache Dorfpolizist Clenin ist mit der Situation überfordert und entscheidet sich dazu, die Leiche unbemerkt nach Biel zu bringen. Aus diesem Grund verändert er den Tatort kurzerhand, indem er die Leiche auf dem Beifahrersitz platziert und den Wagen selbst ins Tal fährt. Als er sich Biel nähert, „verdichtete sich der Nebel wieder [...] Der Morgen wurde finster wie der Letzte Tag" (S. 6, Z. 20–22), was dem Leser einen Hinweis auf die bevorstehenden, unheilvollen Ereignisse gibt, die durch die Beschreibung der Wetterverhältnisse sehr negativ gezeichnet sind.

---

[1] Sämtliche Stellenangaben beziehen sich auf die im Literaturverzeichnis aufgeführte Textausgabe des Diogenes Verlags.

Bärlach vs. Lutz

Nachdem der Tote ungesehen nach Biel geschafft worden ist, wird Kommissar Bärlach mit dem Fall betraut, der zugleich der Vorgesetzte Schmieds gewesen ist. Mit dem Hinweis auf die Übernahme des Falls durch Kommissar Bärlach erfolgt sogleich eine genauere Vorstellung der Hauptfigur. Der alte Kommissar macht aufgrund seiner Auslandserfahrung zunächst den Eindruck, ein hervorragender Kriminalist zu sein, der sich auch in Deutschland „hervorgetan" (S. 8, Z. 3) hat. Zudem wird er als Mann der Prinzipien und der eigenen Meinung eingeführt, der nicht davor zurückschreckt, für seine Ansichten einzustehen, da er einst einen hohen Beamten der deutschen Regierung, einen Nationalsozialisten, geohrfeigt hat (vgl. S. 8, Z. 5–9). Zugleich erscheint Kommissar Bärlach sofort als eine Figur, die sehr eigen ist und teilweise recht fragwürdige Ansichten hat, so ist er zum Beispiel der Meinung, „die Zeitungen sind sowieso das Überflüssigste, was in den letzten zweitausend Jahren erfunden worden ist" (S. 8, Z. 19–21). Die Figur Bärlachs ist insgesamt im ganzen Roman so angelegt, dass der Leser ihre Handlungen kritisch verfolgt und sie schnell als altmodisch und stur wahrnimmt. So stellt Dürrenmatt zu Beginn seines Romans Kommissar Bärlach seinem Vorgesetzten Dr. Lucius Lutz gegenüber, der zunächst gebildet und patent wirkt und Bärlachs Ambition, den Fall vorerst für einige Tage geheim zu halten, kritisch betrachtet, dieses Vorgehen allerdings nicht behindert. Dürrenmatt führt den Leser an dieser Stelle geschickt in die Irre, da Bärlach im Kontrast zu Lutz zunächst altmodisch wirkt. Im Verlauf der Lektüre wird jedoch deutlich, dass Lutz unfähig ist und teilweise marionettenhaft agiert, während Bärlach geschickt die Fäden zieht und die Situation kontrolliert.

Unkonventionelle Ermittlungsmethoden

Die erste Amtshandlung Bärlachs, nachdem er mit dem Fall betraut worden ist, ist das Aufsuchen der Wohnung des Opfers, das ein Zimmer bei Familie Schönler bewohnt hat. Bei dem Gespräch mit Frau Schönler deuten sich Bärlachs unkonventionelle Ermittlungsmethoden an. Er erzählt der Vermieterin nichts von dem Ableben Schmieds und verschafft sich unter einem Vorwand Zutritt zu dessen Zimmer, wo er eine Mappe mit wichtigen Dokumenten von Schmieds Schreibtisch an sich nimmt. Später wird sich zeigen, dass Bärlach die Mappe bewusst gesucht hat, da er genau wusste, welche wichtigen Unterlagen sie enthält, nämlich die Aufzeichnungen Schmieds, die er zum Fall Gastmann erstellt hat, ein Auftrag, den Bärlach selbst ihm unter Verschwiegenheit erteilt hat.

Komik

Bei der Unterhaltung zwischen Bärlach und Frau Schönler lassen sich in Dürrenmatts Schilderungen Elemente der Komik finden. So antwortet Bärlach der Vermieterin, der er erzählt hat, Schmied befinde sich im Urlaub, er sei nicht in den Tropen, sondern „mehr in der Höhe" (S. 10, Z. 32).

Expositorische Funktion

Insgesamt fungiert das erste Kapitel als Exposition, in der der Mordfall, der aufgeklärt werden soll, und der hauptsächlich ermittelnde Kommissar vorgestellt werden. Dabei baut Dürrenmatt sein Kapitel – wie im Kriminalroman typisch – so auf, dass der Leser grundlegende Informationen zum Tatort erhält, damit er im Verlauf gedanklich an der Aufdeckung des Mordes beteiligt ist. Geschickt legt Dürrenmatt Schlingen, die den Rezipienten in die Irre führen, sodass sich erst am Ende des Romans die verschiedenen Puzzleteile zu einem unerwarteten Gesamtbild zusammenfügen.

Zweites Kapitel (S. 13–17)

Verschobenes Machtverhältnis

Nach dem Mittagessen, bei dem er die zuvor aus der Wohnung des Verstorbenen sichergestellten Unterlagen sichtet, erhält Bärlach die Nachricht, dass der Leichnam nun angekommen sei, er verspürt allerdings keine Notwendigkeit, diesen in Augenschein zu nehmen. Stattdessen begibt er sich zu einer ihm lästigen Unterredung mit seinem Vorgesetzten. In diesem Zusammenhang verdeutlicht Dürrenmatt, wie die Machtverhältnisse zwischen Lutz und Bärlach beschaffen sind: Ist Dr. Lutz offiziell der Vorgesetzte Bärlachs, so gestaltet sich das Machtverhältnis zwischen den beiden doch entgegen den offiziellen Diensträngen, was sich unter anderem daran zeigt, dass Bärlach in dem Zimmer seines Chefs Zigarre raucht, obwohl dieser das Rauchen ablehnt. Der Leser erfährt, dass Lutz „[n]ur einmal vor Jahren […] eine Bemerkung gewagt" (S. 13, Z. 16f.) hat, die sein Untergebener sogleich „mit einer verächtlichen Handbewegung" (S. 13, Z. 17f.) abgetan hat.

Anforderung von Tschanz

Während der nun anberaumten Unterredung übt Lutz ein weiteres Mal Kritik an der hiesigen Polizeiarbeit und zeigt sich „erschüttert" (S. 14, Z. 13) von der Dorfpolizei (vgl. S. 14, Z. 12). Er erteilt jedoch keinerlei Anordnungen, sodass seine Kritik folgenlos bleibt und fadenscheinig wirkt. Kommissar Bärlach fühlt sich von den Vorwürfen weder gekränkt noch betroffen und nimmt die Äußerungen seines Vorgesetzten nicht weiter ernst. Als Lutz ihn fragt, ob er im Fall Schmied bereits einen Verdacht habe, bejaht er dies, weigert sich jedoch, den Verdächtigen zu nennen. Der Kommissar scheint einen Plan zu haben, den er nicht bereit ist, mit jemand anderem zu teilen. Stattdessen weist er Lutz auf seine Krankheit, ein Magenleiden, hin und bittet ihn um einen Stellvertreter für den Fall. Die Krankheit, unter der der Ermittler im Verlauf des Romans immer wieder leidet und die ihm wahrscheinlich nur noch wenig Zeit zu leben lässt, dient Bärlach hier dazu, seine eigenen Interessen durchzusetzen: Als Geste „legte [er] seine Hand sorgfältig auf den Magen" (S. 15, Z. 3); diese Geste ist als ausgeklügelter Schachzug zu werten. Er selbst wählt Tschanz als seinen Vertreter. Der Leser kann bei der ersten Lektüre des Romans an dieser Stelle noch nicht wissen, dass Bärlach bereits zu diesem Zeitpunkt Tschanz des Mordes an Schmied verdächtigt, retrospektiv wird jedoch klar, dass Bärlach diesen zu seinem Vertreter kürt, um ihn für seine Zwecke nutzen zu können.

Das Machtgefüge zwischen Untersuchungsrichter Dr. Lucius Lutz und Kommissar Bärlach

Lutz	Bärlach
• verabscheut das Rauchen	• raucht dennoch in dessen Büro
• von Bärlach eingeschüchtert	• begegnet ihm verächtlich und selbstbewusst
• übt Kritik an altmodischer Polizeiarbeit, ohne selbst tätig zu werden	• Desinteresse an Lutz' Einstellung, ignoriert Vorwurf
• gibt keine wirklichen Anweisungen (passiv)	• ermittelt und verfolgt eine eigene Strategie (aktiv)
• hat nur wenig Kenntnis über den Fall	• hat Wissensvorsprung und hält Informationen zurück, weigert sich, Verdächtigen zu nennen
• genehmigt Bärlachs Wunsch nach einem Stellvertreter und lässt ihn selbst einen wählen	• stellt Forderungen und agiert taktisch; nutzt Lutz für seine Zwecke, ohne dass dieser es merkt

Bärlach nimmt seinen Vorgesetzten nicht ernst, sodass ein umgekehrtes Machtverhältnis besteht, das den sozialen Positionen widerspricht.

Finden der Revolverkugel

Nachmittags fährt der Kommissar mit einem Polizisten namens Blatter nach Twann, um den Tatort zu besichtigen. Gemeinsam mit Clenin, der die Leiche entdeckt hat, besichtigen sie den Leichenfundort und Clenin erläutert die Gegebenheiten bei der Entdeckung des Toten. Bereits im Begriff zu gehen, findet Bärlach zufällig eine Revolverkugel, die es ihm später ermöglichen wird, den Mörder Schmieds zu identifizieren. Bärlach selbst bezeichnet den Fund der Kugel als „Zufall" (S. 17, Z. 6); dieser Zufall ist jedoch von großer Bedeutung, denn durch eine geschickte Strategie gelangt er später an eine Kugel aus der Waffe seines Assistenten Tschanz und kann diesen so als Täter überführen. Das Prinzip des Zufalls wird also zu einem zentralen Motiv in Dürrenmatts Roman.

Zufall – zentrales Motiv

Bärlachs Tagesprotokoll[1]

Donnerstag, 03.11.1948

Leichenfund des Opfers durch Clenin in Twann → durchschossene Schläfen

Auftrag, die Ermittlungen im Mordfall Schmied zu übernehmen

Besuch bei Frau Schönler → Besichtigung des Zimmers Schmieds und Sicherstellung der Dokumente

Mittagessen im Du Théatre → Studieren der Dokumente

14.00 Uhr: Ankunft der Leiche in Bern

Unterredung mit Dr. Lutz → Genehmigung eines Stellvertreters im Mordfall Schmied (Tschanz)

17.00 Uhr: Besichtigung des Tatorts mit Blatter und Clenin → Fund der Revolverkugel

Drittes Kapitel (S. 18–23)

Tschanz als Kopie von Schmied

Am Morgen des 04.11.1948 ist Bärlach in die Dokumente Schmieds vertieft, als Tschanz eintritt, der dem Opfer in seinem Äußeren so sehr gleicht, dass der Kommissar zusammenfährt (vgl. S. 18, Z. 15–19). Die Erwähnung des ähnlichen Erscheinungsbildes der beiden Männer ist im Nachhinein von großer Relevanz; Tschanz kopiert Schmieds Kleidungsstil und eifert ihm nach, ein Umstand, der später Bestandteil des Mordmotivs sein wird. Für den nicht informierten Leser ist die Ähnlichkeit einfach rätselhaft, der informierte Rezipient hingegen kann bereits zu Beginn des

[1] Das Tagesprotokoll, das nicht Bestandteil des Romans ist, liefert eine Übersicht über die Geschehnisse, indem die Ereignisse noch einmal knapp chronologisch aufgelistet werden, und dient so zur besseren Orientierung.

Romans die Eifersucht auf Schmied erkennen, die Tschanz hegt, da er ihm nacheifert und versucht, diesem zu ähneln. Bärlach lobt den Verstorbenen vor Tschanz über alle Maßen und führt ihm vor Augen, dass Schmied ihm überlegen war, denn „der war der begabteste. Der war berechtigt, uns alle einzustecken [...] Tschanz, der war uns über" (S. 19, Z. 4–9). Da Bärlach seinen Stellvertreter bereits zu diesem Zeitpunkt verdächtigt, stellt die Ehrung seines verstorbenen Mitarbeiters eine außerordentliche Provokation dar. Tschanz lässt sich jedoch nicht aus der Reserve locken, Bärlach sieht „ihm an, daß er nicht überzeugt war" (S. 19, Z. 13), was seinen Verdacht weiter bekräftigen muss. Der Alte übergeht dies jedoch und führt Tschanz in den derzeitigen Ermittlungsstand ein. Er gibt vor, keine Erklärung für Schmieds Aufenthalt in Twann zu haben. Auch hier wird retrospektiv betrachtet die Gerissenheit des in die Jahre gekommenen Kommissars deutlich, da seine Aussage eindeutig als Lüge einzustufen ist, hat er Schmied doch selbst den Auftrag zur Überwachung Gastmanns gegeben, welche den Grund für dessen Fahrt zum Bieler See darstellt. Tschanz bemerkt die Lüge Bärlachs jedoch nicht und ereifert sich mit einer Theorie über den Tathergang. Der Erstleser muss den jungen Ermittler als kompetenten Beamten wahrnehmen, der Bärlach überlegen ist. Rückblickend wirkt sein Verhalten jedoch perfide, da sein enthusiastisches Herangehen dem Zweck gewidmet ist, seine eigene Tat zu vertuschen, indem er einen anderen – einen Unschuldigen – des Mordes an Schmied überführt.

Bärlachs Taktik

Dürrenmatt spinnt das Verwirrspiel weiter, indem er Tschanz Informationen liefern lässt, die Bärlach nicht bekannt sind; so erfährt er durch seinen Stellvertreter, dass Schmied unter seinem Mantel einen Anzug trug und dass er eine Freundin namens Anna hatte. Bärlach erscheint ein weiteres Mal inkompetent, da er das Protokoll, das die Information zur Kleidung des Opfers enthält, nicht gelesen

Verwirrspiel mit dem Leser

hat und dem Fall insgesamt weniger Aufmerksamkeit zu widmen scheint als Tschanz, der bereits eine Theorie entwickelt hat: In Schmieds Terminkalender sei für den 02.11. ein G notiert worden, und da Schmied einen Frack getragen habe, müsse er auf dem Weg zu einer Abendgesellschaft gewesen sein. G müsse also für den Gastgeber stehen, und da nur wenige Leute in der Umgebung „in der Lage seien, Gesellschaften zu geben" (S. 20, Z. 26f.), mache dieser Umstand die Ermittlung um einiges leichter. Tschanz entwickelt also eine Theorie, die ihn selbst entlasten soll. Liefert er einen Täter, so droht ihm selbst keine Gefahr mehr. Dass er sich bereits in großer Gefahr befindet, verrät Bärlach ihm indirekt, als er sich selbst als „große[n] alte[n] schwarze[n] Kater, der gern Mäuse frißt" (S. 21, Z. 14f.), bezeichnet. Wie die Katze spielt er zunächst mit seiner Beute, in diesem Falle Tschanz, und genießt das Spiel.

Tschanz als Bärlachs Verdächtiger

Nachdem Tschanz Bärlach seine Theorie dargelegt hat, traut er sich, Bärlach nach seinem eigenen Verdacht zu fragen, von dem er durch Lutz erfahren hat. Er stellt diese Frage nur „zögernd" (S. 21, Z. 25), aus Angst vor dem, was die Antwort sein könnte. Dennoch muss er die Gefahr für sich ausloten, jedoch vergeblich, da Bärlach ihm die Frage nach dem Verdächtigen nicht beantwortet. Stattdessen sagt er, der mutmaßliche Täter „muß die Beweise, daß er es gewesen ist, noch liefern" (S. 22, Z. 4). Dass Tschanz bereits im Begriff ist, genau dies zu tun, ahnt er nicht. Bärlach stellt ihm im weiteren Verlauf der Handlung geschickt Fallen, die seinen Verdacht eindeutig bestätigen. Vor diesem Hintergrund erscheint seine Anweisung „Sie haben Schmieds Mörder festzustellen, ohne Rücksicht darauf, daß ich einen bestimmten Verdacht habe." (S. 22, Z. 15–17) beinahe sarkastisch, da Tschanz sich während der Ermittlungen selbst überführen wird.

Abschließend teilt Tschanz Bärlach mit, Schmied habe auch für den heutigen Abend ein G in seinem Kalender notiert und er wolle wie der Verstorbene nach Lamboing fahren, um zu sehen, ob er etwas in Erfahrung bringen könne. Der Form halber fragt er Bärlach, ob er ihn begleiten wolle, und ist überrascht, als dieser zustimmt. Der Kommissar bringt seinen jungen Untergebenen absichtlich in diese unangenehme Situation, er will sehen, wie er sich verhält, und erschwert es ihm, die Ermittlungen zu seinen Gunsten in eine bestimmte Richtung zu treiben.

Bärlach als Hindernis

Neugierig fragt Tschanz Bärlach, ob er bei seinem Besuch bei Frau Schönler keine weiteren Hinweise gefunden habe. Dies verneint er; bevor er „Nein, Tschanz" (S. 23, Z. 9) antwortet, schließt er die Mappe mit den Dokumenten ein, die die ganze Zeit auf seinem Schreibtisch gelegen hat, und steckt den Schlüssel ein. Auf diese Weise wird dem Leser das Misstrauen, das Bärlach gegen Tschanz hegt, noch einmal besonders vor Augen geführt. Tschanz muss dieses Verhalten als Provokation wahrnehmen. Bärlach lässt ihn ahnen, dass er ihm nicht traut und Informationen zurückhält, was für Tschanz als Täter eine Gefahr darstellt. Bärlach beginnt also schon hier, seinen Untergebenen in eine tiefe Verzweiflung zu bringen, die er im Laufe des Romans immer weiter steigert, bis Tschanz zu seinem Instrument wird.

Provokation als Mittel

Viertes Kapitel (S. 24–28)

Wie verabredet fährt Tschanz abends zu Bärlach, um ihn abzuholen. Dieser reagiert jedoch nicht auf sein Hupen und so muss Tschanz ihn aus dem Haus holen, wobei er bemerkt, dass die Haustür unverschlossen ist. Als er Bärlach darauf anspricht, erwidert dieser, dass „die Haustüre [...] nie geschlossen" (S. 25, Z. 6 f.) sei. Diese Information wird im späteren Handlungsverlauf noch von Bedeutung sein, wenn Tschanz nachts in Bärlachs Haus eindringt (vgl. Kapitel 16). Bärlachs Verhalten scheint auch in diesem Fall rück-

Bärlachs Berechnung

blickend berechnend gewesen zu sein, wusste er doch genau, wann sein Kollege ihn abholen wird.

Schlangensymbol

In Bärlachs Haus entdeckt Tschanz in einem Raum inmitten von Büchern auf dem Schreibtisch ein Messer, das wie eine Schlange geformt ist. Bärlach erklärt, dass er mit genau diesem Messer schon „einmal fast getötet" (S. 25, Z. 14) worden sei. Die Schlange steht in dem Roman zum einen als Symbol für Gefahr. Beinahe hätte sie Bärlach einst das Leben gekostet und auch Gastmann wird den Kommissar im weiteren Verlauf mit ebendiesem Schlangenmesser bedrohen (vgl. Kapitel 11). Zum anderen formuliert Bärlach selbst die Weisheit „Seid klug wie die Schlangen" (S. 25, Z. 20), die Schlange steht also auch für die Klugheit, List und Gerissenheit des alten Beamten.

Bärlach in einer Comicinterpretation von Schülern des städtischen Literargymnasiums Bern-Neufeld

Tschanz in Bedrängnis

Als Bärlach erwähnt, dass sein Magen ihn wieder quäle, nutzt Tschanz die Gelegenheit, um sich von der Last zu befreien, die Bärlachs Begleitung nach Twann für ihn darstellt, und rät ihm, zu Hause zu bleiben. Dieser weist diesen Vorschlag mit den Worten „Das könnte Ihnen gerade so passen, daß ich zu Hause bleibe." (S. 25, Z. 31 f.) allerdings entschieden zurück, da er genau weiß, in welche prekäre Situation er Tschanz durch sein Kommen bringt. Tschanz muss einen anderen Täter liefern, wenn er nicht selbst überführt werden will. Dieses Vorhaben wird durch die Anwesenheit des Alten jedoch erschwert, sodass er die Begleitung als Ballast empfindet.

Während sie sich auf den Weg machen, fällt Bärlach bald auf, dass Tschanz eine „ungewöhnliche Route" (S. 26, Z. 5) einschlägt, da er nicht wie erwartet über Zollikofen und Biel, sondern über Kerzers und Erlach fährt. Der junge Kollege antwortet jedoch nur, dass diese Route gar nicht so ungewöhnlich sei. Beiläufig fragt er seinen Mitfahrer nach dem Namen, den Schmied seinem Auto gegeben hat, und Bärlach nennt ihm den Namen: „blaue[r] Charon" (S. 26, Z. 20). Der Name lenkt das Gespräch auf die Bildung Schmieds, da der Kosename einer griechischen Sage entspringt. In diesem Zusammenhang wird Tschanz' Neid, den er Schmied gegenüber hegt, besonders deutlich, wenn er sagt: „Schmied hatte reiche Eltern und durfte das Gymnasium besuchen. Das konnte sich unsereiner nicht leisten." (S. 26, Z. 26 f.) Der Neid auf den vermeintlich bessergestellten Kollegen bildet einen weiteren Bestandteil des Mordmotivs und Bärlach lässt es sich nicht entgehen, in diese Wunde zu stechen, indem er den Verstorbenen erneut lobpreist und Tschanz im gleichen Atemzug für seine Fahrweise zurechtweist (vgl. S. 26, Z. 31 – 33).

Neid als Mordmotiv

Auf dem weiteren Weg hält Tschanz an jeder Tankstelle, um zu fragen, ob zwei Tage zuvor ein Kunde getankt habe, der seinen Wagen „den blauen Charon" genannt habe. Bei der dritten Anlaufstelle, einer Tankstelle bei Erlach, hat er Glück und somit nachgewiesen, dass Schmied an dem Tag seines Todes genau diesen Weg eingeschlagen hat. Später wird sich jedoch herausstellen, dass es sich dabei um ein Täuschungsmanöver handelt und Tschanz selbst mit einem

Tschanz' Täuschungsmanöver

geliehenen Wagen der Kunde war, der sein Fahrzeug „blaue[r] Charon" nannte (Kapitel 20, S. 113).

Übersicht über die unterschiedlichen Routen nach Twann

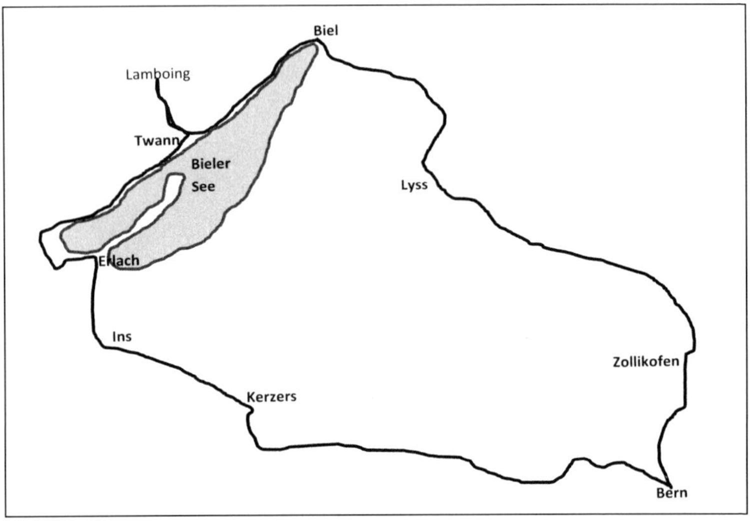

Um 19.40 Uhr halten die Ermittler vor der Straße, die von Twann nach Lamboing führt, und warten in der Dunkelheit mit ausgeschalteten Lichtern darauf, dass sich etwas tut.

Fünftes Kapitel (S. 29–31)

Nachdem Tschanz und Bärlach nun bereits 20 Minuten im Auto bei abgeschaltetem Licht gewartet haben, fragt Bärlach, welchen Plan sie damit verfolgten. Tschanz erklärt ihm daraufhin, er hoffe, dass es auch an diesem Abend dort eine größere Gesellschaft gebe, wo sich das Opfer am Mittwoch aufgehalten habe. Da Schmied einen Frack getragen habe, müsse es sich um eine größere Gesellschaft handeln; sein Plan sei es, den Wagen zu folgen, die vorbeifahren, um so den Grund für Schmieds Aufenthalt in Lamboing herauszufinden. Als Tschanz Bärlach seine Überlegungen eröffnet, lässt sich seine Arroganz erkennen, wenn er dem altgedienten Beamten mitteilt, „Vermutung[en] [...] sind nun einmal in unserem Beruf da, um ihnen nachzugehen" (S. 29, Z. 11–13). Noch eindeutiger tritt seine Eitelkeit zum Vorschein, wenn er konstatiert, dass „Schmied [...] eben einem Mörder zum Opfer gefallen [ist], der geschickter als die Polizei von Biel und Neuenstadt sein müsse" (S. 29, Z. 19–21), womit er seine eigene Tat und Herangehensweise aufwertet. Bärlach hört seinem Kollegen dabei „unbeweglich zu, die Schultern etwas hochgezogen" (S. 29, Z. 26f.), und stellt ihm, ohne auf die Würdigung des Intellekts des Täters einzugehen, die Frage „Und Sie wollen diesen Mann fangen, Tschanz, vor dem Sie Respekt haben?" (S. 29, Z. 27f.), wodurch er deutlich macht, dass er Tschanz dies nicht zutraut. Auch wenn Tschanz nicht weiß, dass Bärlach ihn selbst verdächtigt, muss diese Frage für ihn frustrierend sein, da er schon seit Längerem versucht, sich hervorzutun.

Tschanz' Eitelkeit

Tatsächlich bestätigt sich Tschanz' Theorie über die weiteren Gäste und sie folgen zwei vorbeifahrenden Limousinen und beobachten, wie die Insassen eine abgelegene Villa betreten. Unbemerkt nähern sich die beiden Ermittler dem Anwesen und entdecken ein großes G auf dem Schild am Türgitter. Tschanz fühlt sich bestätigt und scheint ein Erfolgserlebnis verbuchen zu können. War sein Verhalten sonst eher zurückhaltend, so tritt er nun fordernd auf: „Geben Sie mir jetzt eine Zigarre, Kommissär, ich habe eine verdient." (S. 31, Z. 15f.) Er ist erleichtert, dass sein Plan aufgegangen ist, und glaubt, der Erreichung seines Vorhabens, eine dritte Person des Mordes zu überführen, den er selbst begangen hat, ein Stück näher gekommen zu sein. Dem uninformierten Leser erscheint Tschanz im weiteren Gesprächsverlauf ein weiteres Mal Bärlach einen Schritt voraus, denn er kann bereits sagen, für wen G steht, nämlich

Tschanz' scheinbare Überlegenheit

für Gastmann, was er durch einfache Ermittlungsmethoden mithilfe des Telefonbuchs herausgefunden hat.

Irreführung des Lesers

Noch immer führt Dürrenmatt die Irreführung des Lesers fort. Bärlach erscheint neben seinem jungen Kollegen unfähig und wenig motiviert. In Wirklichkeit jedoch hält er die Zügel in der Hand und beobachtet seinen Verdächtigen – Tschanz – auf Schritt und Tritt.

Sechstes Kapitel (S. 32–41)

Weitere Provokation

Bevor Tschanz und Bärlach sich trennen, um um das Haus herum zu gehen, äußert Bärlach seine Überraschung darüber, dass die hiesige Polizei nicht schon zuvor auf Gastmann gekommen sei, da eine große Gesellschaft in solch einem kleinen Ort sehr auffällig ist. Indirekt wertet er damit den vermeintlichen Ermittlungserfolg seines jungen Kollegen ab und reizt den ehrgeizigen Tschanz damit noch weiter, auch wenn dieser sich nichts anmerken lässt.

Krankheit als Ausdruck psychischer Belastung

Während Bärlach die rechte Seite wählt und um das Haus herumgeht, wird er erneut von heftigen Magenschmerzen heimgesucht und es wird deutlich, dass sein Leiden eine schwerwiegende Erkrankung darstellt, denn „schwere[r] Druck“ und „heftige[…] Stiche“ lassen ihm „kalte[n] Schweiß“ auf die Stirn treten (S. 32, Z. 12f.). Wie sich später herausstellt, versucht Bärlach schon lange, Gastmann zur Strecke zu bringen. Seine Krankheit lässt ihm jedoch nur noch wenig Zeit. Um seinem Ziel näher zu kommen, will er zunächst seinen Verdacht, dass Tschanz tatsächlich der Mörder Schmieds ist, bestätigt wissen, wozu er zu einem riskanten Trick greift (vgl. den Angriff des Hundes). Sein Vorhaben muss gelingen, da er sonst keine Möglichkeit mehr hat, seinen Kontrahenten zu stellen. Seine schlechte körperliche Verfassung ist an dieser Stelle also Ausdruck des auf ihm lastenden Drucks.

Das Haus, das vorne in Dunkelheit getaucht ist, ist hinten hell beleuchtet und es ertönt klassische Musik, was den

Eindruck einer Geheimgesellschaft verstärkt. Als Bärlach nach seinen Berechnungen wieder mit seinem Kollegen zusammenstoßen müsste, wird er eines großen Hundes gewahr, der ihn schließlich angreift. Bärlach schützt seine Kehle vor den reißenden Zähnen des Hundes mit seinem linken Arm. In diesem Moment feuert Tschanz einen Schuss aus seiner Waffe und bringt das Tier zur Strecke. Als Tschanz sich nähert, „verbarg [er] […] den Revolver wieder in der Manteltasche“ (S. 33, Z. 27f.). Das Wort *verbergen* erscheint zunächst nicht weiter relevant; im Hinblick auf die Tatsache, dass Tschanz den Hund nun mit genau der Waffe erschossen hat, mit der auch Schmied getötet wurde, erhält es jedoch eine besondere Bedeutung, denn Tschanz verbirgt in diesem Moment die Mordwaffe. Der Erstleser kann dies noch nicht wissen, bei einem zweiten Lesedurchgang erkennt er das Erschießen des Hundes jedoch als eine Schlüsselszene, die zur Entlarvung des wahren Mörders führt, da die Kugel, die den Hund tötet, als eindeutiger Beweis dienen kann. Tschanz ist dieser Umstand jedoch nicht bewusst. Als der alte Kommissar ihm sagt, er habe ihm das Leben gerettet, fragt dieser ihn verwundert, ob er selbst keine Waffe bei sich trage. Bärlach antwortet, dass er nur selten bewaffnet sei, was beim ersten Lesen das Bild des unkonventionellen und nachlässigen Ermittlers bestätigt. Erst später wird sich das Verhalten Bärlachs als geschickter Schachzug herausstellen, da dieser den Angriff des Hundes geplant hat, um an eine Kugel aus Tschanz’ Revolver zu gelangen, um diese mit der Kugel aus der Tatwaffe abgleichen zu können.

Geplanter Angriff des Hundes als Überführungstaktik

Auch im Haus sind die Ereignisse nicht unbemerkt geblieben: Die Musik ist verstummt und an den Fenstern tummeln sich Menschen. An der Eingangstür werden sie von einem dicken Mann empfangen, der sich ihnen als Nationalrat und Oberst von Schwendi vorstellt und sie selbstbewusst zur Rede stellt, was es mit der Schießerei auf sich

Gastmanns Anwalt von Schwendi

habe. Erst als Bärlach Tschanz mitteilt, dass der Ausfall von Schwendis nicht ins Protokoll aufgenommen werde, beruhigt sich dieser und hört Bärlachs Erklärung zu, der ihm mitteilt, dass sie im Fall Schmied ermittelten und mit Gastmann sprechen müssten, da der getötete Polizist in der Nacht, in der er ermordet worden sei, dessen Gast gewesen sei. Von Schwendi gibt sich daraufhin als Gastmanns Anwalt zu erkennen und teilt mit, dass dieser an diesem Abend nicht zu sprechen sei, „die Polizei muß eben manchmal Rücksicht auf gesellschaftliche Gepflogenheiten nehmen" (S. 39, Z. 8f.).

Kritik an Machtstrukturen

Dürrenmatt übt an dieser wie auch an weiteren Stellen seines Romans Kritik an der Überheblichkeit und dem großen Einfluss, den wohlsituierte Bürger teilweise pflegen. Die Polizei soll sich nach dem Terminkalender des hohen Herren richten; auch wird nicht Gastmann selbst am nächsten Tag auf dem Revier vorstellig werden, sondern Oberst von Schwendi wird die Polizisten aufsuchen. Um zuvor mit Gastmann alles besprechen zu können, bittet er um ein Foto des Verstorbenen, das Bärlach ihm aushändigt. Damit verabschiedet sich der Nationalrat und verschließt die Tür, ohne dass die beiden Ermittler etwas in Erfahrung bringen konnten. In den abschließenden Worten Bärlachs wird Dürrenmatts Kritik an dem vorherrschenden Machtgefüge auf den Punkt gebracht: „Gegen einen Nationalrat kann man nichts machen [...] und wenn er noch Oberst und Advokat dazu ist, hat er drei Teufel auf einmal im Leib. Da stehen wir mit unserem schönen Mord und können nichts damit anfangen." (S. 39, Z. 18–21)

Weiteres Vorgehen

Tschanz macht den Vorschlag, nach Lamboing zu fahren, um mit den dortigen Polizisten über Gastmann zu reden. Bärlach trägt ihm daraufhin auf, in Erfahrung zu bringen, warum man in Lamboing nichts von Schmieds Besuch bei Gastmann wisse; er selbst werde währenddessen in einem

Restaurant auf Tschanz warten, denn er müsse etwas für seinen Magen tun.

Tschanz trifft Lamboinger Polizisten

In Lamboing erfährt Tschanz von dem Polizisten Jean Pierre Charnel, dass die Polizei noch keine Spur im Mordfall Schmied habe. Gastmann habe zwar große Gesellschaften gegeben, aber Schmied sei dort nicht bekannt. Als Tschanz zu bedenken gibt, dass man noch weitere Gäste befragen sollte, entgegnet Charnel, dies sei bereits geschehen. Ein Schriftsteller, der Gastmann gut kenne und oft bei ihm sei, habe von Schmied nie etwas gehört. Weiterhin bezweifle dieser, dass überhaupt je ein Polizist im Hause Gastmanns gewesen sei. Tschanz äußert daraufhin seine Abneigung gegen den Berufsstand des Schriftstellers allgemein, denn diese sind seiner Ansicht nach „immer dubios" (S. 40, Z. 32). Aus diesem Grund werde er den „Übergebildeten" (S. 40, Z. 33) noch selbst vernehmen.

Gastmanns Ruf

Als Tschanz den Polizisten nach Gastmann fragt, stellt dieser ihn als sehr reichen und großzügigen Mann vor. Er sei „Philosophe" (S. 41, Z. 7) und zahle die Steuern für ganz Lamboing, weshalb er als „der sympathischste Mensch im ganzen Kanton" (S. 41, Z. 13f.) gelte.

Siebtes Kapitel (S. 42–44)

Sich steigernde Bedrängnis

Nach dem Gespräch mit den Lamboinger Polizisten sucht Tschanz gegen 22.00 Uhr noch einmal Gastmanns Anwesen auf, bevor er sich auf den Weg zu dem Restaurant macht, in das Bärlach eingekehrt ist. Schnell wird deutlich, dass er dabei keineswegs noch einmal die Gäste beobachten möchte, sondern vielmehr nach dem Kadaver des Hundes Ausschau hält, den er erschossen hat. Dieses Verhalten des jungen Polizisten wirft erste Fragen auf und rückblickend ist sein Handeln unverkennbar der Versuch, den Beweis, den er bei dem Schuss auf den Hund selbst geliefert hat, zu vernichten. Das tote Tier wurde allerdings bereits weggeschafft und so begibt er sich unverrichteter

Dinge zu dem Restaurant, wo er erfährt, dass Bärlach dort nicht länger als fünf Minuten verweilt habe und bereits eine halbe Stunde zuvor nach Twann aufgebrochen sei. Es bleibt ein relativ großes Zeitfenster, das Bärlach für etwas anderes genutzt haben muss. Später wird sich herausstellen, dass er, während Tschanz mit den Dorfpolizisten gesprochen hat, die Kugel, die den Hund getötet hat, sichergestellt hat.

Überführung des Täters (Tschanz)

Als Tschanz sich auf den Rückweg begibt, hat er ein „unheimliches Erlebnis" (S. 42, Z. 28), als er den Tatort erreicht. Die Situation spitzt sich zu, als „sich eine dunkle Gestalt von der Felswand [löste] und […] deutlich ein Zeichen [gab], der Wagen solle anhalten" (S. 43, Z. 2–4). Tschanz hält und öffnet die rechte Wagentür, als ihm bewusst wird, dass eben diese Situation sich auch in der Mordnacht ereignet hat. Als er erkennt, dass Bärlach der Anhalter ist, reagiert er nicht erleichtert, wie es wohl einem Unschuldigen ergangen wäre, „sondern er wurde weiß vor heimlichem Entsetzen, ohne sich über den Grund der Furcht Rechenschaft geben zu können" (S. 43, Z. 12–14). Unbewusst nimmt Tschanz die Bedrohung wahr, die der Alte für ihn darstellt, denn er scheint seine Tat durchschaut zu haben. Die beiden sehen sich intensiv und forschend in die Augen, „stundenlang scheinbar" (S. 43, Z. 15), bis Bärlach schließlich ins Auto steigt. Als er seinen jungen Kollegen anspricht, duzt er ihn, was Tschanz zusammenzucken lässt. Das plötzliche Duzen des Alten ist ein eindeutiger Hinweis darauf, dass sein Verdacht sich bestätigt hat und er den Täter, Tschanz, nun lückenlos überführt hat. Er spricht seine Erkenntnisse jedoch nicht aus und lässt seinen Kollegen im Dunkeln, der allerdings ahnt, dass der Alte ihn verdächtigt.

Tschanz' Unsicherheit

Als Bärlach das unangenehme Schweigen bricht, um sich über das Gespräch in Lamboing zu erkundigen, gibt Tschanz „lebhafter Auskunft als sonst, aufatmend, daß man wieder redete" (S. 43, Z. 33f.). Seine Angst, als Täter entlarvt zu werden, wird durch Bärlachs Verhalten geschürt; als dieser jedoch beginnt, Tschanz nach dem Ermittlungsstand zu befragen, ist er erleichtert und versucht, seine Unsicherheit durch Eifer zu verbergen.

Bärlachs Falle

Nachdem sie gegen 23.00 Uhr das Haus Bärlachs erreicht haben, dankt dieser Tschanz noch einmal, da er ihm das Leben gerettet habe, womit er Tschanz gegenüber noch weiter sein Wissen verschleiert. Als Bärlach sein Haus betritt, nimmt er eine Waffe aus seiner Manteltasche und legt sie neben das Schlangenmesser auf den Schreibtisch. Beim Ausziehen seines Mantels zeigt sich, dass „sein linker Arm mit dicken Tüchern umwickelt [ist], wie es bei jenen Brauch ist, die ihre Hunde zum Anpacken [für einen Zugriff] einüben" (S. 44, Z. 17–19). Der Angriff des Hundes war also Teil seines Plans, um an eine Kugel aus Tschanz' Waffe zu gelangen, da er ihn mit dieser eindeutig als Mörder Schmieds identifizieren kann. Bärlachs Gerissenheit und seine List werden wieder durch das Schlangensymbol verdeutlicht. Sein Verhalten, das dem Leser zuvor recht tölpelhaft erscheinen musste, wirkt nun geplant und zielgerichtet, auch wenn dem Erstrezipienten noch nicht unbedingt bewusst ist, welchen Zweck Bärlach mit seinem Vorgehen verfolgt. Rückblickend wird jedoch klar, dass er Tschanz eine Falle gestellt hat, in die dieser unwissend getappt ist und so den Beweis für seine Schuld geliefert hat, da die Kugel, die den Hund getötet hat, mit der Mordwaffe übereinstimmt.

Bärlachs Tagesprotokoll

Freitag, 04.11.1948

10.00 Uhr: Ankunft Tschanz, Besprechung des derzeitigen Ermittlungsstandes

→ *Tschanz weiß, dass Schmied einen Gesellschaftsanzug trug, und entwickelt Gastmanntheorie; er weiß von Schmieds Freundin Anna.*

19.00 Uhr: Fahrt nach Lamboing mit Tschanz

→ *nimmt ungewöhnliche Route, hält an jeder Tankstelle, um zu beweisen, dass auch Schmied so gefahren ist*

Gegen 20.00 Uhr: Ankunft am Hause Gastmanns

→ *Angriff des Hundes, den Tschanz tötet*

→ *Gespräch mit von Schwendi, dem Anwalt Gastmanns (wird morgen aufs Revier kommen, um Auskunft zu geben)*

21.00 Uhr: Tschanz fährt nach Lamboing, um mit Polizisten über Gastmann zu sprechen.

→ *währenddessen Sicherstellen der Kugel*

→ *kurze Einkehr ins Restaurant, damit Tschanz von Aufbruch nach Twann erfährt*

Gegen 22.00 Uhr: Tschanz erreicht im Fahrzeug auf der Rückkehr den Tatort, wo ich ihn anhalte und zusteige.

→ *Tschanz scheint zu merken, dass ich ihn verdächtige.*

23.00 Uhr: Rückkehr nach Hause

Achtes Kapitel (S. 45–50)

Bärlachs Schuldgefühle

Am Morgen des 05.11. ist Bärlach darauf eingestellt, Unannehmlichkeiten mit Dr. Lutz zu bekommen. Die beiden scheinen schon längere Zeit zusammenzuarbeiten, da der Kommissar eine bevorstehende Reiberei mit seinem Vorgesetzten „aus einer gewissen Erfahrung heraus" (S. 45, Z. 1 f.) erahnt. Dass er wenig von dem Untersuchungsrichter hält, ist unverkennbar. Seiner Ansicht nach verweilt Lutz untätig in seinem Büro und zeigt dann „die Zähne bloß aus schlechtem Gewissen, weil [er] die Woche über nichts Gescheites gemacht ha[t]" (S. 45, Z. 5–7). Weiterhin ist Bärlach an diesem Morgen darauf eingestellt, der Beerdigung Schmieds beizuwohnen, die um 10.00 Uhr stattfinden soll, auch wenn er diese gerne meiden würde. Seine Abneigung, Schmieds Leiche zu betrachten (vgl. Kapitel 3) und seine Beerdigung zu besuchen, liegt in den Schuldgefühlen begründet, die ihn plagen, da er den Kollegen Schmied mit der Observation Gastmanns beauftragt hat, wie sich später zeigen wird.

Unterredung zwischen von Schwendi und Lutz

Wie am Abend zuvor angekündigt, sucht Oberst von Schwendi um kurz nach 8.00 Uhr das Polizeirevier auf, jedoch nicht, um wie erwartet mit Bärlach über Schmieds Aufenthalt bei Gastmann zu sprechen, sondern um ein vertrauliches Gespräch mit Dr. Lutz zu führen, der zwischenzeitlich durch Tschanz von den Vorfällen der letzten Nacht erfahren hat. Lutz und von Schwendi gehören beide der „Partei der konservativen liberalsozialistischen Sammlung der Unabhängigen" an. Der Name der Partei, der widersprüchliche politische Richtungen in sich vereint, weist auf die Inhaltslosigkeit der Grundsätze hin und verdeutlicht so, dass es um keine grundlegende politische Überzeugung geht, sondern vielmehr ein Durchsetzen eigener Interessen im Vordergrund steht. Dementsprechend tritt von Schwendi Lutz gegenüber auf. Die beiden verbindet nicht nur die Parteizugehörigkeit, von Schwendi hat den hochrangigen Polizeibeamten „eifrig gefördert" (S. 45, Z. 16) und tritt nun überlegen und arrogant auf. Er beginnt das Gespräch vorwurfsvoll, indem er das Verhalten der beiden Ermittler Bärlach und Tschanz am vorherigen Abend tadelt.

Lutz als Karikatur

Die Unterlegenheit des Untersuchungsrichters zeigt sich sogleich in dessen Verhalten. Demütig und eingeschüchtert versucht er, von Schwendi zu beschwichtigen, und erklärt, dass der junge Polizist Tschanz, der die Untersuchung hauptsächlich leite, „für schweizerische Maßstäbe als gut talentiert" (S. 46, Z. 6 f.) gelte. Die Rolle Bärlachs wertet er ab, indem er sagt, er gehöre zum alten Eisen, und er weist ihm eine eher untergeordnete Funktion zu. Diese Aussagen lassen Lutz in den Augen des Lesers lächerlich erscheinen, hat er selbst doch zuvor Bärlach mit der Leitung des Falls betraut und Tschanz nur auf dessen Verlangen als Stellvertreter eingesetzt. Diese Karikierung wird noch gesteigert, weil der informierte Leser weiß, dass Lutz ausgerechnet den Mörder Schmieds in hohen Tönen lobt und völlig unwissend ist, was seinem Vornamen Lucius (*lux, lucis = lat. Licht)*[1] entgegensteht, wodurch Dürrenmatt den Eindruck der Karikatur der Figur noch verstärkt.

Lutz entschuldigt sich für das Verhalten seiner Untergebenen und fragt dann unsicher und zurückhaltend, ob Schmied Mittwoch bei Gastmann zu Besuch gewesen sei.

Überlegenheit von Schwendis

Das Gespräch zwischen den beiden hat mit einer polizeilichen Befragung nichts gemein, da von Schwendi das Gespräch führt und eindeutig überlegen ist. Nachdem von Schwendi bemerkt hat, dass Lutz tatsächlich nichts von Schmieds Aufenthalt bei Gastmann weiß, setzt er ihn in Kenntnis darüber, dass Schmied auf Gastmann angesetzt worden sei. Respektlos und abwertend spricht er ihn mit „Dökterli" (S. 46, Z. 30) an und führt eine Art Verhör durch, wenn er verlangt: „ich möchte nun wirklich einmal ganz genau wissen, warum ihr meinem braven Gastmann den Schmied auf den Hals gehetzt habt" (S. 46, Z. 30–32). Lutz zeigt sich daraufhin betroffen und hilflos und als von Schwendi ihn darüber aufklärt, dass Schmied unter dem

[1] Licht steht oft für Wissen und Intelligenz.

Namen Doktor Prantl die Gesellschaften Gastmanns besucht habe, führt er ihm noch einmal die eigene Unfähigkeit vor Augen. Lutz, der „sich seiner Unterlegenheit immer mehr bewußt wurde“ (S. 47, Z. 16), weiß, dass er von Schwendi „in allem werde nachgeben müssen“ (S. 47, Z. 17f.). Peinlich berührt gesteht er ein, dass er von den Machenschaften Schmieds nichts gewusst habe und dass seine Besuche bei Gastmann privater Natur gewesen sein müssten, worauf von Schwendi den Verdacht äußert, Schmied sei ein Spion gewesen, und vehement fordert, die Polizei müsse die Gründe für Schmieds Aufenthalt bei Gastmann untersuchen. Als Lutz widerspricht, die Polizei müsse zunächst etwas über Gastmann in Erfahrung bringen, untersagt der Oberst dies mit den Worten: „ich möchte auch nicht, daß du dich mit ihm abgibst oder sonst jemand von der Polizei. Es ist dies sein Wunsch, er ist mein Klient, und ich bin da, um zu sorgen, daß seine Wünsche erfüllt werden“ (S. 48, Z. 11–14). Dürrenmatt führt hier eindeutig eine Machtverschiebung vor Augen, wie sie in vielen Staaten vermutet wird, nämlich den Umstand, dass nicht die politischen Gremien die Entscheidungen treffen, sondern diese von der Wirtschaft und ihren Interessen beeinflusst werden. Im weiteren Verlauf des Gesprächs mahnt von Schwendi sogar: „Ihr seid hier die Angeklagten, nicht wir, lieber Lutz.“ (S. 49, Z. 18f.) Größer könnte die Umkehrung der Machtverhältnisse nicht sein.

Aufzeigen einer Machtverschiebung

Schließlich überreicht von Schwendi Lutz eine Gästeliste, die in drei Gruppen unterteilt ist: Die erste Gruppe umfasst Künstler, die zweite Industrielle, „die besten Exemplare der schweizerischen Gesellschaft“ (S. 49, Z. 33), und die dritte Gruppe besteht aus „Angehörigen einer fremden Gesandtschaft, die Wert darauf legt, unter keinen Umständen mit einer gewissen Klasse von Industriellen zusammen genannt zu werden“ (S. 50, Z. 25–28). Der Oberst weist darauf hin, dass es sich bei diesen Informationen um höchst wichtige

Lutz als Instrument

politische Vorgänge handle. Als Lutz ihm nicht folgen kann, konstatiert er nur: „Du hast eben auch nie etwas von Politik verstanden, lieber Lucius" (S. 50, Z. 23f.). Der Parteikollege stellt für ihn also keinen gleichwertigen Partner dar, sondern vielmehr ein Instrument. Insgesamt zeigt sich hier also eine scharfe Kritik am politischen System.

Neuntes Kapitel (S. 51–55)

Geheime Verhandlungen

Im neunten Kapitel findet das im achten Kapitel angefangene Gespräch zwischen Oberst von Schwendi und Dr. Lucius Lutz seine Fortsetzung und von Schwendi setzt seinen Gesprächspartner über die näheren Umstände der bei Gastmann abgehaltenen Gesellschaften in Kenntnis. Die Treffen seien von hoher Bedeutung und der Oberst weist darauf hin, dass „man [...] noch mehr inoffiziell [verhandelt], und in Lamboing wird privat verhandelt. Es gibt schließlich in der modernen Industrie Verhandlungen, in die sich der Staat nicht einzumischen hat, Herr Untersuchungsrichter" (S. 51, Z. 9–12). Demnach fallen nicht die offiziellen politischen Verhandlungen besonders ins Gewicht, die Macht liegt bei den Industriellen und Reichen, in die sich Staatsorgane, und sei es die Polizei, seiner Ansicht nach nicht einzumischen haben.

Von Schwendis Theorie

Lutz lässt sich von den Ausführungen immer weiter einschüchtern und lauscht unterwürfig und „hilflos" (S. 51, Z. 20) den weiteren Erklärungen und Anschuldigungen, denn Schmieds Einmischung könne laut von Schwendi großen Schaden anrichten. So kommt es, dass Lutz schließlich resigniert und der Oberst „nun mit ihm machen konnte, was er wollte" (S. 51, Z. 21). Auch wenn Lutz noch einmal anmerkt, dass Schmied sicher kein Spion gewesen sei, so lässt sich von Schwendi von diesem Gedanken nicht abbringen und stellt die Vermutung an, dass „die gewisse fremde Macht ein Interesse ha[t], die Verhandlungen in Lamboing geheimzuhalten" (S. 53, Z. 2–4). Demzufolge wäre Schmied ermordet worden, damit er die gesammelten Informationen nicht weitergeben konnte.

Die Rolle Gastmanns

Auf die Nachfrage des Polizeibeamten, welche Rolle Gastmann bei den Treffen spiele, stellt von Schwendi heraus, dass er sowohl das Vertrauen der fremden Macht besitze, da er jahrelang ein Gesandter Argentiniens in China gewesen sei, als auch das der Industriellen wegen seiner einstigen Position als Verwaltungspräsident des Blechtrusts. Auch wenn Dürrenmatt nicht wörtlich schreibt, um welche „fremde Macht" es sich handelt, so lässt sich anhand der Hinweise erkennen, dass es sich um China handeln muss. Gastmann bietet für die Verhandlungen als Schutzraum sein Anwesen in Lamboing, da es abgelegen ist und so den perfekten Ort für geheime Treffen darstellt.

Lutz' Unterwerfung

Gastmann scheint ein hochrangiger Bürger mit großem Einfluss zu sein und von Schwendi überzeugt Lutz davon, dass jegliche weitere Ermittlung in seine Richtung überflüssig sei. Der Untersuchungsrichter beugt sich ihm unterwürfig und zieht aus dem Gespräch die Konsequenz, die „Nachforschungen besonders dem Leben Schmieds zu[zu]wenden" (S. 54, Z. 10f.) und alle Entscheidungen bezüglich der fremden Macht dem Bundesanwalt zu übergeben. Unterwürfig sagt er weiterhin zu, „Gastmann zu verschonen" (S. 54, Z. 15). Sollte es wegen des Protokolls doch nötig sein, ein Gespräch mit Gastmann zu suchen, so werde er dieses persönlich und unter der Anwesenheit von von Schwendi führen und „über Kunst sprechen, um die Untersuchung so harmlos wie nur immer möglich zu gestalten" (S. 54, Z. 25–27), und etwaige Fragen im Vorfeld mitteilen. Auf diese Weise durchgeführte Ermittlungen können selbstverständlich zu keinem Ermittlungserfolg führen und der Erzähler fasst das verabredete Vorgehen wertend zusammen, indem er sagt, „daß [Lutz] sich in einer Weise beeinflussen ließ und Zugeständnisse machte, die eine objektive Untersuchung der Mordaffäre in Frage stellen mußten" (S. 51, Z. 24–26). Hochzufrieden mit dem Ergebnis des Gesprächs beendet von Schwendi die Unterredung mit „Lützchen" (S. 54, Z. 34), den er nach seinem Belieben gelenkt hat, und schüchtert ihn mit dem Hinweis darauf, dass Millionen auf dem Spiel stünden, noch weiter ein. Die Verwendung des Diminutiv führt noch einmal ganz eindeutig vor Augen, wie wenig Achtung von Schwendi Lutz entgegenbringt, da die Verniedlichung des Namens hier nicht liebevoll gemeint ist, sondern den Untersuchungsrichter ins Lächerliche zieht und deutlich hervorhebt, dass Lutz ein Mann ist, der in seiner Position nicht ernst genommen wird.

Zehntes Kapitel (S. 56–62)

Lutz' Unsicherheit

Nach dem Gespräch mit von Schwendi kann Lutz gerade noch einmal die Gästeliste durchschauen, wobei ihn die berühmten Namen mit Respekt erfüllen, als Bärlach, „natürlich ohne anzuklopfen" (S. 56, Z. 5), das Büro betritt, um „die rechtlichen Mittel zu verlangen, bei Gastmann [...] vorzusprechen" (S. 56, Z. 5–7). Dr. Lucius Lutz wird nicht nur von von Schwendi nicht ernst genommen, auch Bärlach zollt ihm zum wiederholten Male nicht den gebührenden Respekt, der einem Vorgesetzten zustände, was für ihn Normalität sein muss, da er Bärlach nicht zurechtweist. Zudem ist es dem Untersuchungsrichter unangenehm, den Kommissar über seine Absprache mit von Schwendi in Kenntnis zu setzen, weshalb er die Konfrontation, die er erwartet, auf den Nachmittag verschiebt und erklärt, es sei an der Zeit, zur Beerdigung Schmieds zu gehen.

Wettersymbolik

Während der Fahrt zum Friedhof, die von heftigen Regengüssen begleitet wird, zeigt Dürrenmatt durch die gewählte Innensicht des Untersuchungsrichters auf, wie unwohl dieser sich fühlt. Das bevorstehende Gespräch mit Bärlach dominiert seine Gedanken: Wie jemand, der ein Vergehen beichten muss, dreht sich alles um diese Unannehmlichkeit. Unterstützt durch die von Dürrenmatt eingesetzte Wettersymbolik – der Regen steigert sich immer mehr – werden seine Unzulänglichkeit und sein fehlendes intellektuelles Vermögen deutlich; „die triefenden Scheiben ließen keinen Durchblick mehr zu“ (S. 56, Z. 27f.), ebenso wie Lutz keinen Ausweg aus der Situation sieht, die ihn schlichtweg überfordert. Das Wetter spiegelt zudem das Unbehagen Bärlachs wider, für den die Beerdigung ein schwerer Gang ist.

Groteske Darstellung der Beerdigung

Insgesamt schafft Dürrenmatt auf dem Friedhof eine groteske Atmosphäre. Grotesk deshalb, weil Elemente aufeinandertreffen, die überhaupt nicht zusammenpassen. Die Totengräber tragen ein „lächerliche[s] frackartige[s] Arbeitsgewand“ (S. 57, Z. 28) und der Regen wütet so stark, dass die Grabrede des Pfarrers kaum zu hören ist. Die Trauergemeinde, die sich aus zahlreichen Polizisten, darunter auch Tschanz, Frau Schönler und Schmieds Freundin Anna, die neben Tschanz steht, zusammensetzt, wird jäh von zwei Betrunkenen gestört, die torkelnd obszöne Lieder singen und Kreuze umwerfen. Schließlich werfen die „zwei brutale[n], riesenhafte[n] Kerle“ (S. 61, Z. 7) einen Kranz auf den Sarg Schmieds, dessen verschmutztes Band ironischerweise die Aufschrift „Unserem lieben Doktor Prantl.“ (S. 61, Z. 28f.) trägt, bevor sie so schnell wieder verschwinden, wie sie aufgetaucht sind. Der Auftritt der beiden Betrunkenen gilt vor allem Bärlach, da Gastmann ihm auf diese Weise deutlich sein Wissen um den Umstand zeigt, dass Schmied unter dem Namen Dr. Prantl in Bärlachs Auftrag bei ihm zu Gast gewesen ist. Es handelt sich also um eine indirekte Drohung an den alten Kommissar, ihm nicht weiter nachzustellen, da er ihn ohnehin durchschaut hat. Nach dem Verschwinden der Störenfriede wütet der Regen so stark, dass die Trauernden das Grab fluchtartig verlassen, bevor die eigentliche Beisetzung stattgefunden hat. Das Groteske, das in vielen Werken Dürrenmatts zu finden ist (vgl. z.B. „Die Physiker" oder „Der Besuch der alten Dame"), wird in der Beerdigungsszene besonders deutlich, zieht sich aber insgesamt durch den ganzen Roman.

Elftes Kapitel (S. 63–72)

Schmied als Dr. Prantl

Auf der Rückfahrt von der Beerdigung mokiert sich Lutz über das Verhalten Gastmanns und legt dabei die von ihm zuvor zurückgehaltene Information offen, dass Schmied sich im Hause Gastmann als ein gewisser Prantl ausgegeben hat (vgl. S. 63, Z. 5–8). Bärlach stellt daraufhin lediglich fest, bei dem Kranz, der auf das Grab Schmieds geworfen worden ist, müsse es sich wohl um „eine Warnung" (S. 63, Z. 9) handeln, er fragt nicht weiter nach, weshalb der Verstorbene sich unter falschem Namen bei Gastmann aufgehalten habe, was nicht verwunderlich ist, wenn der Leser im weiteren Handlungsverlauf erfährt, dass Bärlach selbst seinem jungen Kollegen den Auftrag dazu erteilt hat. Lutz weiß, dass es „[e]igentlich […] nun der richtige Moment [sei], mit dem Alten über Gastmann zu sprechen, und daß man ihn in Ruhe lassen müsse" (S. 63, Z. 11–13), ergreift die Gelegenheit jedoch nicht und schiebt das ihm unangenehme Gespräch weiter auf und steigt zu Hause aus. Ein weiteres Mal wird so die Schwäche des Untersuchungsrichters demonstriert, der von allem eingeschüchtert scheint.

Naturmetaphorik

Auch Bärlach lässt sich zu seinem Haus fahren. Hat es zuvor auf der Beerdigung noch sintflutartig geregnet, so zeigt sich nun ein anderes Schauspiel der Natur: „Bärlach [wurde] für Augenblicke in ein blendendes Licht getaucht: die Sonne brach durch die Wolken, verschwand wieder, kam aufs neue im jagenden Spiel der Nebel und der Wolkenberge […], seine Augenschlitze funkelten, gierig sog er das Schauspiel in sich auf: die Erde war schön" (S. 63, Z. 19–28). Auch an dieser Stelle bedient sich Dürrenmatt der Naturmetaphorik. Der schwere Gang zur Beerdigung liegt hinter dem Kommissar und er erhält neuen Tatendrang. Das Wechselspiel von Licht und Schatten, Sonne und Wolken stellt das Leben Bärlachs dar, das genau diesem Muster folgt. Er selbst jagt dem Gegensatz von Gut und Böse hinterher, sein eigenes Leben wird immer wieder überschattet; über die Ursache dieser Verzahnung von hell und dunkel wird der Leser im weiteren Verlauf des elften Kapitels aufgeklärt.

Gastmann als Eindringling in Bärlachs Haus

Kapitel 11 ist das zentrale Kapitel des Romans. Dürrenmatt nutzt die Mitte des Romans, um alle Fäden zusammenlaufen zu lassen und den Leser ein Stück weit über die Zusammenhänge aufzuklären, und durchbricht zu diesem Zwecke die Chronologie seiner Erzählung. Zuvor folgte ein Handlungsschritt dem nächsten und alle Gegebenheiten bauten zeitlich aufeinander auf. Diese Art des Erzählens wird nun durchbrochen: Als Bärlach sein Haus betritt, findet er in seinem Arbeitszimmer einen Mann vor, der wie selbstverständlich in der Mappe Schmieds blättert und da-

Gastmann und Bärlach (Verfilmung von Maximilian Schell, 1975)

bei das Schlangenmesser in einer Hand hält, ein Symbol der Bedrohung und List (vgl. S. 64, Z. 8 – 11). Schnell zeigt sich, dass es sich bei dem Eindringling um einen alten Vertrauten handelt, denn Bärlach stellt ohne Überraschung fest: „Also du" (S. 64, Z. 12). Sein Gegenüber lässt sich von seinem Erscheinen nicht beeindrucken und geht seiner Tätigkeit weiter nach. Er scheint Bärlach überlegen zu sein, da er in sein Haus eindringen kann und scheinbar die Regeln vorgibt. Nach einiger Zeit löst Bärlach die Spannung des Lesers auf, wenn er feststellt: „Du nennst dich jetzt Gastmann" (S. 64, Z. 20). Es wird deutlich, dass Bärlach seinen Kontrahenten sehr gut zu kennen scheint, was gleichzeitig vor Augen führt, dass der alte Kommissar Geheimnisse hat und eigene Pläne verfolgen muss, da er seinen Kollegen diese Tatsache verschwiegen hat.

Verbindung zwischen Bärlach und Gastmann

Die Zusammenhänge werden noch eindeutiger offengelegt, als Gastmann erwidert, dass Bärlach selbst ihm „den Jungen [Schmied] auf den Hals geschickt" (S. 64, Z. 25) habe. Der Leser erfährt, dass es eine tiefe Verbindung zwischen den beiden gibt, die Bärlach zur Lebensaufgabe geworden ist: „Ich höre nie auf, dich zu verfolgen. Einmal wird es mir gelingen, deine Verbrechen zu beweisen." (S. 64, Z. 31 f.) Weiterhin wird aufgelöst, dass Bärlach nur noch kurze Zeit zu leben hat. Da er es als Lebensaufgabe sieht, Gastmann als Verbrecher zu überführen, lässt sich schließen, dass er aufgrund der kurzen Zeit, die ihm wegen seiner Krankheit noch bleibt, in die Enge getrieben ist und einen letzten Versuch unternehmen muss, um seine Aufgabe zu erfüllen. Bärlach selbst spricht in diesem Zusammenhang von seiner „letzte[n] Gelegenheit" (S. 65, Z. 3).

Bruch in der Erzählchronologie zur Einführung der Wette

Nach einer Pause des Schweigens kommt es dann zu dem bereits erwähnten Bruch in der Erzählchronologie, der dazu dient, die Wissenslücke des Lesers zu füllen und darüber aufzuklären, welche verhängnisvolle Verbindung Gastmann und Bärlach vor „über vierzig Jahre[n]" (S. 65, Z. 6) in einer „Judenschenke am Bosporus" (S. 65, Z. 8) eingegangen sind. Als junge Männer schlossen sie einst Freundschaft und gingen in einer Nacht unter Alkoholeinfluss, also nicht auf rationaler Basis, eine Wette ein, die ihr Leben bestimmen sollte (vgl. S. 65, Z. 26f.). Die Schilderung des Zustandekommens der Wette ist von negativ konnotierten Wörtern dominiert, so scheint an diesem Abend „[e]in unförmiges gelbes Stück Schweizerkäse von einem Mond" (S. 65, Z. 9) durch die „verfaulten Balken" (S. 65, Z. 11), unter denen sie sitzen, und sie trinken „verteufelte[...] Schnäpse" (S. 65, Z. 20), die auch als „vergorene[...] Säfte" (S. 65, Z. 20f.) bezeichnet werden. An der Wortwahl ist also eindeutig ersichtlich, dass es sich um eine Begegnung mit fatalen Folgen handelt, die im Folgenden noch weiter erläutert wird, wenn der Inhalt der Wette bekannt wird, die auf der These Bärlachs basiert, dass es aufgrund der menschlichen Unvollkommenheit und der Existenz des Zufalls beinahe unmöglich sei, unbemerkt ein Verbrechen zu begehen, ohne dass dieses ans Licht käme (vgl. S. 65, Z. 33–S. 67, Z. 7). Bärlach behauptet, man könne mit Menschen nicht „wie mit Schachfiguren [...] operieren" (S. 67, Z. 6f.), während Gastmann seiner Aussage die These entgegensetzt, „daß gerade die Verworrenheit der menschlichen Beziehungen es möglich mache, Verbrechen zu begehen, die *nicht* erkannt werden könnten" (S. 67, Z. 8–10), woraus sich „im Übermut" (S. 67, Z. 16) die Wette ergibt, dass Gastmann in der Gegenwart Bärlachs ein Verbrechen begehen könne, ohne dass dieser in der Lage sei, ihm ebendieses nachzuweisen (vgl. S. 67, Z. 35–S. 69, Z. 2).

Eingehen der Wette als Schuld Bärlachs

Bärlach selbst gibt an, nie geglaubt zu haben, dass ein Mensch diese Wette tatsächlich einhalten könnte, woraufhin Gastmann verdeutlicht, dass der alte Kommissar mitverantwortlich ist für die Verbrechen, die er begangen hat. Die Entgegnung „Führe uns nicht in Versuchung" (S. 67,

Z. 32) bringt die Mitschuld Bärlachs auf den Punkt, da erst seine These und die damit verbundene Herausforderung Gastmann dazu brachten, „immer kühnere, wildere, blasphemischere Verbrechen zu begehen“ (S. 69, Z. 34f.). Letztlich beginnt Bärlachs schuldhafte Verstrickung also damit, dass er sich überhaupt auf die Wette eingelassen hat. Bereits drei Tage nach Abschluss der Wette, so erfährt der Leser durch die Ausführungen Gastmanns, hat dieser bei einem gemeinsamen Spaziergang einen Mann von einer Brücke gestürzt und diesen so getötet, dass es Bärlach unmöglich gewesen wäre, ihm dieses Verbrechen anzulasten. Die Wette wurde für den Kriminalisten zur Heimsuchung, denn sein Gegner tauchte „[i]mmer wieder […] in [s]einer Laufbahn auf wie ein graues Gespenst“ (S. 69, Z. 32f.), die schrecklichen Taten sind dabei Resultat der Wette und somit auch von Bärlach selbst zu verantworten.

Krankheit als Ausdruck der Schuld

Die Krankheit, die den Alten sichtlich zeichnet, kann als Merkmal dieser Schuld betrachtet werden, die schwer auf ihm lastet. Gastmann dagegen bezeichnet ihre Verbindung als „abenteuerliche[n] Spaß“ (S. 70, Z. 15f.), er genießt das düstere Spiel, während der andere daran zugrunde geht.

Überlegenheit Gastmanns

Das gesamte Gespräch über demonstriert Gastmann in Bärlachs Haus seine Überlegenheit, was darin gipfelt, dass er das Schlangenmesser bei einem Wurf Bärlachs Wange streifen lässt, nachdem er ihm zuvor noch einmal unmissverständlich klargemacht hat, dass er ihn nicht fürchtet: „Gib es auf, Freund, es hat keinen Sinn. Der Tod wartet nicht.“ (S. 70, Z. 30f.) Auch die Verteilung der Sprechanteile unterstützt diesen Eindruck der Machtverteilung, da Gastmann in weiten Teilen das Gespräch führt und viel größere Anteile an diesem hat. Bevor er das Haus verlässt, nimmt er zudem die Mappe mit den von Schmied zusammengetragenen Informationen an sich und scheint dem Kommissar damit die letzte Möglichkeit zu rauben, ihn doch noch eines Verbrechens zu überführen, woraufhin jedoch dessen Entschlossenheit deutlich wird, da er feststellt: „Einmal wird es mir gelingen, deine Verbrechen zu beweisen [...] Und jetzt ist die letzte Gelegenheit." (S. 72, Z. 6–8) Statt einer Verabschiedung fragt Gastmann zuletzt „spöttisch" (S. 72, Z. 15), ob Bärlach ihn nicht mit der Waffe erschießen wolle, die das ganze Gespräch über auf dem Schreibtisch gelegen hat, was dieser jedoch verneint, da er davon überzeugt ist, dass Gastmann die Patronen entfernt hat (vgl. S. 72, Z. 14–17). Als er wieder allein in seinem Haus ist, stellt er jedoch fest, dass der Revolver sehr wohl geladen ist; an der Haustür angelangt, ist die Straße allerdings bereits leer und die Möglichkeit ist vertan (vgl. S. 72, Z. 22–26). In diesem Moment überkommt Bärlach ein Anfall; ein weiteres Mal zeigt sich seine Krankheit als Zeichen seines Versagens und seiner Schuld. Unter Schmerzen stöhnt er die Frage „Was ist der Mensch?" (S. 72, Z. 33f.), welche seiner Verzweiflung Ausdruck verleiht.

Zwölftes Kapitel (S. 73–75)

Bärlachs Akzeptanz

Das zwölfte Kapitel beginnt mit dem einen Gegensatz einleitenden Wort „Doch". Scheint Bärlach am Ende des vorangegangenen Kapitels am Ende seiner Kräfte, so ist der Anfall nun überwunden und er fühlt sich „besser, schmerzfrei seit langem" (S. 73, Z. 2). Er scheint akzeptiert zu haben, dass er seinen Gegenspieler nicht mehr eines der Verbrechen überführen kann, die er tatsächlich begangen hat. Diese Erkenntnis und die damit schwindende Last wirkt auf ihn befreiend, was Dürrenmatt durch Beschreibungen wie „jeder Schritt in der reingefegten Luft tat ihm wohl" (S. 73, Z. 6f.) hervorhebt.

Unterredung zwischen Lutz und Bärlach

Im Büro führt der Alte eine Unterredung mit Lutz, in der dieser ihn endlich über die Absprache mit von Schwendi in Kenntnis setzt, was dem Untersuchungsrichter sichtlich schwerfällt, weshalb er seine Mitteilung auch „in forschem

Telegrammstil" (S. 73, Z. 14f.) macht, um über seine Unsicherheit hinwegzutäuschen. Zu seiner Überraschung stimmt Bärlach seinen Ausführungen ohne jede Diskussion zu. Erleichtert referiert Lutz daraufhin „leutselig und gesprächig" (S. 73, Z. 21f.) sein Wissen über Gastmann und dessen Biografie, die so vielfältig und beeindruckend wirkt, dass sie eigentlich gar nicht der Wahrheit entsprechen kann, was der Untersuchungsrichter jedoch nicht erkennt (vgl. S. 73, Z. 28–S. 74, Z. 6). Stattdessen stellt er fest, Gastmanns „Persönlichkeit steh[e] über jedem Verdacht" (S. 74, Z. 21). Er entschuldigt sogar den Vorfall auf Schmieds Beerdigung damit, dass sein Hund erschossen worden sei (vgl. S. 74, Z. 14), und erklärt, dass der Fall Schmied ein schlechtes Licht auf die Polizei werfe. Er stellt den Verstorbenen selbst als Übeltäter dar, weil er sich bei Gastmann eingeschlichen habe (vgl. S. 74, Z. 23).

Bitte um Krankheitsurlaub

Bärlach widerspricht entgegen seinen eigentlichen Persönlichkeitszügen Lutz an keiner Stelle und bittet ihn beim Verlassen des Büros lediglich um „eine Woche Krankheitsurlaub" (S. 74, Z. 27), der ihm auch bewilligt wird. Von nun an verfolgt der alte Kommissar nur noch seinen eigenen Plan, weshalb er sich gegen den Entschluss des Untersuchungsrichters auch nicht weiter auflehnt.

Tschanz' Versuch, Gastmann zu belasten

Als er sein eigenes Büro betritt, wird er bereits von Tschanz erwartet, der, seine Nervosität schlecht verbergend, darauf drängt, zu Gastmann zu fahren (vgl. S. 75, Z. 1f.). Er scheint ganz erpicht darauf zu sein, jemanden belasten zu können; Gastmann bildet für ihn das perfekte Ziel, da er bereits seine Aufmerksamkeit erregt hat. Bärlach dagegen bestimmt, dass sie zum Schriftsteller fahren sollen, was Tschanz als „Umwege" (S. 75, Z. 5) bezeichnet. Die Wiederholung dieses Wortes verdeutlicht die Erregung des jungen Beamten. Für ihn kann es nicht schnell genug gehen, Schmieds vermeintlichen Mörder zu stellen, um sich selbst zu schützen.

Als sie aufbrechen, erfährt der Leser, dass Tschanz Schmieds blauen Mercedes gekauft hat (vgl. S. 75, Z. 8f.) und sich somit immer mehr des Lebens des Ermordeten bemächtigt. Für die Fahrt zum Schriftsteller wählt er zudem wieder den Weg über den Ort Ins, wie Bärlach feststellt. Die Hinweise auf den wahren Mörder Schmieds verdichten sich zusehends, sodass der Leser die Figur Tschanz langsam zu hinterfragen beginnt.

Hinweise auf den Mörder Tschanz

Während der Fahrt fragt Tschanz Bärlach noch nach der Mappe, die dieser nach Frau Schönlers Information aus der Wohnung des Verstorbenen mitgenommen habe, woraufhin der Alte entgegnet, es habe sich dabei nur um persönliche Unterlagen gehandelt (vgl. S. 75, Z. 20–23), was noch einmal ganz deutlich sein Misstrauen gegenüber Tschanz vor Augen führt. Das Interesse von Tschanz liegt darin begründet, dass er den Informationsstand von Bärlach in Erfahrung bringen möchte.

Bärlachs Misstrauen

Auch in diesem Kapitel bedient sich Dürrenmatt wieder einer eindringlichen Naturmetaphorik, die Bärlachs inneres Befinden verdeutlicht. Die Felder werden als „reingewaschen[...]" (S. 75, Z. 15) beschrieben und alles „war [...] in helles, ruhiges Licht getaucht. Eine warme, sanfte Sonne hing am Himmel" (S. 75, Z. 16f.). Diese positive Beschreibung der Natur unterstreicht die Verfassung Bärlachs, der sein inneres Gleichgewicht zurückgefunden hat und nun weiß, was er zu tun hat. Er akzeptiert, dass er Gastmann die begangenen Verbrechen nicht mehr nachweisen kann, und verfolgt nun voll und ganz einen anderen Plan, mit dem er seinen Kontrahenten zur Strecke bringen will.

Naturmetaphorik

Dreizehntes Kapitel (S. 76–83)

Der Besuch der beiden Ermittler beim Schriftsteller dient nicht nur dazu, Gastmann als Tatverdächtigen weitestgehend ausschließen zu können, Dürrenmatt fertigt zudem eine Art karikatives Selbstporträt an, da die Figur des

Besuch beim Schriftsteller = karikatives Selbstporträt

Schriftstellers auffallend viele Parallelen zum realen Autor aufweist. Als Bärlach und Tschanz sein Arbeitszimmer betreten, ist der Schreibtisch „dicht mit Papier besät" (S. 76, Z. 9) und das Zimmer verfügt über ein „gotische[s] Fenster" (S. 76, Z. 6). Weiterhin ist während der Unterhaltung immer wieder Hundegebell und Kindergeschrei zu hören und er erwähnt, der Twanner Polizist habe sogar schon seine Schwiegermutter befragt (vgl. S. 77, Z. 17). Dürrenmatt selbst wohnte als junger Familienvater aufgrund des geringen Einkommens als Schriftsteller einige Zeit im Haus seiner Schwiegermutter am Bieler See (vgl. Kapitel „Lebensstationen und Themen Friedrich Dürrenmatts", S. 72); der Verdacht, dass Dürrenmatts Schriftsteller aus dem Roman „Der Richter und sein Henker" seiner eigenen Person nahekommt, ist also kaum von der Hand zu weisen. So scheint es auch nur konsequent, dass Dürrenmatt selbst in der Verfilmung seines Romans aus dem Jahr 1975 die Rolle des Schriftstellers spielt.[1]

Aufgabe des Schriftstellers

Beim Betreten des Zimmers und während des gesamten Gesprächs können die beiden Besucher den Schriftsteller aufgrund der Lichtverhältnisse nicht richtig ausmachen, immer wieder wird er als „die dunkle Masse" (z. B. S. 76, Z. 26) bezeichnet. Er ist nicht richtig greifbar, ähnlich wie der Schriftsteller hinter seinen Werken nur selten wirklich zu erkennen ist, da nie genau zwischen Fiktion und Realität unterschieden werden kann. Dürrenmatt charakterisiert ihn außerdem dadurch, dass er unbedingt ernst genommen werden möchte, was daran ersichtlich wird, dass er es beinahe als Beleidigung empfindet, dass er von den Ermittlern nicht als Täter in Erwägung gezogen wird (vgl. S. 77, Z. 1–4). Er ist pikiert darüber, dass die Schriftsteller „in der Schweiz aufs traurigste unterschätzt" (S. 77, Z. 7f.) würden, und formuliert die eigentliche Aufgabe eines Schrift-

[1] Siehe auch Filmbild auf S. 98.

stellers, der seiner Ansicht nach auch „eine Art Polizist" (S. 81, Z. 6) sei, der „den Menschen auf die Finger [...] sehen" (S. 81, Z. 8f.) müsse. Dürrenmatt gibt hier seine eigene Berufung wieder, wodurch deutlich wird, dass sein Schaffen gesellschaftliche Relevanz hat.

1. Gesprächsphase: Provokation Tschanz'

Das Gespräch verläuft insgesamt in zwei Phasen: Der Schriftsteller scheint die Beamten nur widerwillig zu empfangen und wirkt abweisend (vgl. z.B. S. 77, Z. 24f.). Auf die Frage, warum er bei Gastmann verkehrt habe, gibt er an, dieser sei „[e]in interessanter Mensch" (S. 78, Z. 3), der gut kochen könne, woraufhin sich ein fünfundvierzigminütiges Gespräch zwischen ihm und Bärlach über die Kunst des Kochens entwickelt. Die Länge des Gesprächs über Belangloses stellt eine weitere Provokation und Verunsicherung von Tschanz dar. Für den jungen Ermittler muss es fast unerträglich sein, einer solch unwichtigen Konversation zuzuhören, während er eigentlich darauf brennt, durch den Schriftsteller belastende Aussagen bezüglich Gastmanns vermeintlicher Schuld zu erhalten. Erst als der Schriftsteller und Bärlach innehalten, wird das Gespräch zurück auf das eigentliche Thema gelenkt, indem Tschanz ungeschickt und unverblümt von seiner Ungeduld getrieben die zweite Phase des Gesprächs einleitet, wenn er fragt: „Hat Gastmann den Schmied getötet?" (S. 78, Z. 25) Tschanz wirkt in der Unterredung wie ein Fremdkörper, der die Konventionen des Gesprächs nicht zu kennen scheint. Der Schriftsteller widerlegt den jungen Beamten belehrend, dass Gastmann der Mörder sein könne, da zwischen seinem Aufbruch bei Gastmann und dem Mord nur zehn Minuten gelegen hätten (vgl. S. 80, Z. 1–9). Auf weitere Nachfragen gibt er an: „Gastmann ist ein schlechter Mensch" (S. 80, Z. 34). Bärlach stellt seinen jungen Kollegen bloß, indem er ihm „übertriebenen Eifer" (S. 81, Z. 13) unterstellt, wodurch er Tschanz weiter verunsichert. Dennoch nutzt er gerne die Gelegenheit, um mehr zu er-

2. Gesprächsphase: Gastmann, der Nihilist

fahren, sodass der Schriftsteller seine eigene Einschätzung von Gastmann preisgibt. Er ist der Meinung, dieser sei „zu jedem Verbrechen fähig" (S. 81, Z. 28), da er ein absoluter Nihilist[1] sei (vgl. S. 82, Z. 1–6). Er tue Böses jedoch nicht, um dadurch einen Vorteil zu haben, sondern einfach, weil es möglich sei. Der Zufall entscheide, ob er gut oder böse handle (vgl. S. 82, Z. 11–19). Er handle nicht aus Überzeugung gut oder schlecht, sondern einfach als Ausdruck der Freiheit (vgl. S. 83, Z. 3–5). Diese Aussage bringt Bärlach auf, da der Schriftsteller damit seinen wunden Punkt trifft (vgl. S. 83, Z. 6f.). Sein ganzes Leben lang hat er vergeblich versucht, Gastmann zur Strecke zu bringen, die Ausführungen des Schriftstellers führen ihm sein Unvermögen nun noch einmal vor Augen.

Vierzehntes Kapitel (S. 84–87)

Natursymbolik

Nach dem Besuch beim Schriftsteller will Tschanz auf direktem Weg zu Gastmann fahren, was Bärlach jedoch vereitelt. Stattdessen bestimmt er, nach Bern zu fahren. Während der junge Kollege fährt, wirft Bärlach einen Blick aus dem Fenster und ist von dem sich ihm bietenden Naturschauspiel gefesselt. Auch an dieser Stelle verwendet Dürrenmatt eine eindringliche Natursymbolik: „Stein, Erde, Wasser. Sie selbst fuhren im Schatten, aber die Sonne, hinter den Tessenberg gesunken, beschien noch den See, die Insel, die Hügel, die Vorgebirge, die Gletscher am Horizont und die übereinandergetürmten Wolkenungetüme, dahinschwimmend in den blauen Meeren des Himmels." (S. 84, Z. 12–17) Licht und Schatten liegen unmittelbar beieinander, so auch Gut und Böse, wie es Bärlach in seinem Leben immer wieder erfahren musste. Neben dem

[1] Beim ethischen Nihilismus handelt es sich um eine philosophische Strömung des 20. Jahrhunderts, die jegliche moralische Lenkung und Orientierung an vorgegebenen Werten und Normen ablehnt.

unveränderbaren Nebeneinander von Gut und Böse wird an dieser Stelle auch der ewige Kreislauf des Lebens deutlich, den Bärlach reflektiert, als er das „sich unaufhörlich ändernde Wetter des Vorwinters“ (S. 84, Z. 18) betrachtet und „[i]mmer dasselbe“ (S. 84, Z. 19) feststellt, „immer dasselbe“ (S. 84, Z. 20). Bärlach selbst befindet sich am Ende seines Lebens, der ewige Kreislauf wird jedoch weiter bestehen und so wird auch das Böse neben dem Guten Bestand haben.

Steigerung der Verzweiflung und Lieferung des Mordmotivs

Tschanz reißt Bärlach jäh aus seinen Gedanken, als er abrupt hält, um ihn doch noch davon zu überzeugen, Gastmann aufzusuchen. Rational erklärt Bärlach seinem Gehilfen jedoch, dass dies nicht möglich sei, da Lutz den Fall an den Bundesanwalt habe übergeben müssen (vgl. S. 85, Z. 1–8). Durch die Reaktion Bärlachs werden Tschanz' Emotionen noch weiter gesteigert und er erzürnt sich über die Situation. Bärlach lässt sich jedoch nicht aus der Ruhe bringen und stellt fest, dass das Geheimnis nur bei Schmied liege, und verteidigt die Entscheidung des Untersuchungsrichters (vgl. S. 85, Z. 13–16). Tschanz' Verzweiflung steigert sich immer weiter, „die Wahrheit und nur die Wahrheit, wer Schmieds Mörder ist“ (S. 85, Z. 19 f.), habe sie zu interessieren, woraufhin Bärlach kalt zustimmt. Er weiß genau, dass es sich bei diesem Anliegen um eine Lüge handelt, und die ruhige und gefasste Haltung des Alten lässt Tschanz nur noch mehr aufbrausen. Seine Emotionen steigern sich so weit, dass er indirekt sogar sein eigenes Tatmotiv liefert, nachdem Bärlach ihn durch seine Aussage, Tschanz sei der Einzige, der Gastmann für den Täter halte (vgl. S. 86, Z. 8), bis aufs Äußerste gereizt hat. Er beklagt, dass er immer in Schmieds Schatten habe stehen müssen, und echauffiert sich darüber, dass Schmied nur einen besseren Stand gehabt habe, weil er bessere Schulen habe besuchen können (vgl. S. 86, Z. 14–22), was Bärlach widerlegt, da Schmied „der beste Kriminalist“ (S. 86, Z. 24) gewesen sei. Tschanz ereifert sich weiter darüber, dass die Aufklärung dieses Falls seine „einmalige Gelegenheit [sei] hinaufzukommen" (S. 85, Z. 26f.), und will Bärlach dazu bringen, Lutz umzustimmen. In seinem Eifer und von wilden Emotionen geblendet, deckt er also nicht nur das Motiv der Eifersucht und des Neids auf, er sieht die Bearbeitung des Falls auch als Karrieresprung und will somit in allen Bereichen Nutzen aus dem Tod seines Kollegen ziehen. Nach einer weiteren Zurückweisung sieht er „totenbleich und zitternd" (S. 87, Z. 5) ein, dass er von Bärlach nichts zu erwarten hat, und fährt weiter.

Weitere Steigerung der Verzweiflung

Als sei das indirekte Eingeständnis nicht genug, fragt Bärlach ihn auf der weiteren Fahrt nach der Pension in Grindelwald, wo Tschanz sich im Urlaub aufgehalten hat, als er zu dem Fall hinzugezogen wurde. Der Aufenthalt sollte wohl als Alibi fungieren und so erkennt er auch sofort die Gefahr, denn als Bärlach vorgibt, seinen Krankenurlaub dort verbringen zu wollen, antwortet er: „Die Höhe tut nicht immer gut, Kommissär." (S. 87, Z. 19) Er spürt die Bedrohung, die von dem Alten ausgeht, und ist somit in die Enge getrieben.

Fünfzehntes Kapitel (S. 88–90)

Bärlachs Aufsuchen des Arztes

Am Abend sucht Bärlach seinen Hausarzt Doktor Samuel Hungertobel auf, der mit seinem Fall betraut ist. Gastmanns Andeutungen über seinen Gesundheitszustand (vgl. Kapitel 11) scheinen ihn stark verunsichert zu haben, und so erkundigt er sich, ob sein Arzt Aufzeichnungen über ihn habe und jemandem von seinem Fall berichtet habe (vgl. S. 88, Z. 11–17).

Tschanz und Anna

Als er einen Blick aus dem Fenster wirft, beobachtet er, wie Tschanz mit einer jungen blonden Frau aus seinem blauen Mercedes steigt und ein Restaurant betritt. Das „Mädchen in weißem Regenmantel" ist die Freundin des Verstorbenen, wodurch sich ein weiteres Tatmotiv Tschanz' zeigt.

Tschanz und Anna (Verfilmung von Maximilian Schell, 1975)

In seiner Eifersucht auf Schmied geht er sogar so weit, nach dessen Tod in allen Bereichen seinen Platz einnehmen zu wollen, er eignet sich Auto, Kleidung, berufliche Position und nun auch die Freundin des Toten an.

Gastmanns Einbruch bei Hungertobel

Bärlachs Arzt antwortet auf seine Frage, ob er mit jemandem über seinen Gesundheitszustand gesprochen habe, dass er seinen Schreibtisch einmal durcheinander aufgefunden habe. Gastmann scheint sich also Zutritt verschafft zu haben, um sich so über den Zustand seines „Gegners" zu erkundigen.

Bärlachs schwere Krankheit als Ultimatum

Im weiteren Gespräch wird der Gesundheitszustand des Alten näher thematisiert und Dr. Hungertobel klärt ihn darüber auf, dass er sich innerhalb der nächsten drei Tage operieren lassen müsse, sonst würde er infolge des nächsten Anfalls sterben. Sie verabreden einen OP-Termin für Dienstagmorgen. Nüchtern stellt Bärlach fest: „Zwei Tage habe ich also noch Zeit. Zwei Tage." (S. 89, Z. 23) Für den Kommissar ist dies das Ultimatum, in dem es ihm gelingen muss, Gastmann zur Strecke zu bringen. Auf Bärlachs Nachfrage hin bestätigt sein Arzt die Aussage Gastmanns, dass er selbst nach geglückter OP nur noch ein Jahr zu leben habe (vgl. S. 90, Z. 1). Bärlach muss Gastmann nun ausschalten und dabei sind ihm in seiner Verzweiflung alle Mittel recht.

Bärlachs Tagesprotokoll

Samstag, 05.11.1948

Von Schwendi spricht bei Lutz vor.

Beerdigung Schmieds

Gespräch mit Gastmann (ist in mein Haus eingedrungen): Anspielung auf meine Krankheit; droht mir; nimmt Mappe mit den Ermittlungen Schmieds an sich

Gespräch mit Lutz: Anweisung, Gastmann nicht weiter zu verfolgen; Bitte um eine Woche Krankenurlaub

Besuch beim Schriftsteller

→ *Gastmann kommt als Täter nicht infrage, ist aber zu jedem Verbrechen fähig.*

Fahrt nach Bern: Tschanz bringt seine Eifersucht auf Schmied eindringlich zum Ausdruck und reagiert auf meinen geplanten Aufenthalt in der Pension Eiger wie erwartet mit Gegenwehr.

Dr. Hungertobel aufsuchen: OP-Termin am Dienstag → noch zwei Tage!!

(Tschanz trifft sich mit Anna.)

Sechzehntes Kapitel (S. 91–95)

Einbruch bei Bärlach

Bärlach wird nachts gegen 2.00 Uhr wach und bemerkt, dass jemand in sein Haus eindringt. Er ist am Abend in der Bibliothek eingeschlafen und kann so schnell seinen Revolver greifen, der auf dem Tisch liegt. Das Kapitel ist gleich zu Beginn von Spannung erzeugenden Wörtern bestimmt (vgl. z. B. S. 91, Z. 1). Negativ konnotierte Wörter wie „Finsternis" (S. 91, Z. 17f.), „stürmische[…] Nacht" (S. 91, Z. 20f.) und „hörte […] den Wind aufheulen" (S. 91, Z. 22) erzeugen eine bedrohlich wirkende Atmosphäre, sodass die Gefahr, in der sich der Protagonist befindet, für den Leser fast schon greifbar ist.

Tschanz' Versuch, belastendes Material zu entwenden

Als er die Stehlampe anschaltet, löst der Einbrecher kurz darauf jedoch einen Kurzschluss aus (vgl. S. 92, Z. 10f.), was den alten Kommissar dazu zwingt, sich in der Dunkelheit gegen den Eindringling behaupten zu müssen. Er sucht Zuflucht im Schlafzimmer und beobachtet von dort, wie der Unbekannte mit einer Taschenlampe die Bibliothek durchsucht (vgl. S. 92, Z. 25–29), wobei Bärlachs Schlangenmesser in den Strahl der Taschenlampe fällt, was hier als Symbol der Bedrohung fungiert. Mit braunen Handschuhen ergreift der Einbrecher das Messer, das er nun auf Bärlach richten will. Der Fremde scheint Unterlagen zu suchen, da die Bibliothek der einzige Raum ist, den er durchsucht. Aus diesem Grund liegt der Verdacht nahe, dass die Mappe, die Bärlach aus der Wohnung Schmieds sichergestellt hat, die erhoffte Beute ist. Eben diese Mappe hat jedoch bereits Gastmann an sich genommen (vgl. Kapitel 11), sodass er als Einbrecher nicht infrage kommt. Aufgrund dieser Tatsache lässt sich vermuten, dass es sich bei dem Eindringling um den jungen Tschanz handelt, der seine eigene Haut retten will.

Bärlachs Lebenswille

Als Bärlach den schwachen Schein der Taschenlampe nutzen will, um den Eindringling zur Strecke zu bringen, erlischt das Licht und ihm bleibt nichts anderes übrig, als still an seinem Platz zu verharren. Während er darauf wartet, dass sich ihm eine zweite Chance zum Schuss bietet, verdeutlicht Dürrenmatt durch die gewählte Innensicht Bärlachs dessen starken Lebenswillen, der trotz der vernichtenden Diagnose des Arztes alles daransetzt, die letzte ihm verbleibende Zeit zu verteidigen (vgl. S. 94, Z. 16–24).

Vertreiben des Eindringlings

Entgegen Bärlachs Erwartung hat sich der Einbrecher auf einem Umweg Zutritt zum Schlafzimmer verschafft, was er durch einen Luftzug registriert. Geistesgegenwärtig feuert er daraufhin drei Mal auf das Fenster, bevor er sich niedersetzt; das Schlangenmesser verfehlt ihn knapp und bleibt über ihm in der Wand stecken (vgl. S. 95, Z. 1–6). Doch die Taktik des Alten geht auf und der Eindringling lässt sich durch die im Nachbarhaus entstandene Aufmerksamkeit in die Flucht schlagen und Bärlach bleibt allein in seinem Haus zurück.

Siebzehntes Kapitel (S. 96–100)

Tschanz' Reaktion auf den Einbruch

Das siebzehnte Kapitel ist in zwei große Teile gegliedert. Gegen 3.30 Uhr ruft Bärlach Tschanz an und fordert ihn auf, zu ihm zu kommen. Bei seiner Ankunft empfängt er ihn mit den Worten: „Man versuchte, mich zu töten" (S. 96, Z. 8). Tschanz wird als „bleich" (S. 96, Z. 9) beschrieben; der nicht informierte Leser mag zunächst denken, er sei von der Situation verstört und fürchte um seinen Vorgesetzten, rückblickend lässt sich seine Verfassung aber vielmehr mit seinem eigenen Unvermögen erklären: Der Einbruch in das Haus Bärlachs war vergeblich, weder konnte er die Unterlagen an sich nehmen, von denen er glaubt, sie könnten ihn belasten, noch konnte er Bärlach ausschalten.

Tschanz' Versagen

Bärlach klärt Tschanz über die vorangegangenen Ereignisse auf, wobei der junge Mann das Messer aus der Wand zieht und kurz darauf feststellt, dass Bärlach in die Fensterscheibe geschossen habe, woraufhin er zu verstehen gibt, dass dies genau das richtige Vorgehen gewesen sei. Diese Einschätzung „brummte" (S. 96, Z. 20) er, da er sich über diese Tatsache ärgert, hat der Alte auf diese Weise doch seine Pläne durchkreuzt.

Kontrast Bärlach – Tschanz

Als sie die Bibliothek betreten, legt Bärlach sich auf dem Diwan nieder. Dürrenmatt verdeutlicht an dieser Stelle das Abwägen des jungen Mörders, dem sich nun eine weitere Gelegenheit zu bieten scheint, den Alten aus dem Weg zu räumen: „Der Alte streckte sich auf den Diwan, zog die Decke über sich, lag da, hilflos, plötzlich uralt und wie zerfallen. Tschanz hielt immer noch das Schlangenmesser in der Hand." (S. 96, Z. 25–27) Die Worte „hilflos", „uralt" und „zerfallen" unterstreichen Bärlachs Schwäche und bieten einen starken Kontrast zum „Schlangenmesser", das Tschanz zum vermeintlich Stärkeren macht.

Wachsender Druck auf Tschanz

Er erkundigt sich, ob er den Einbrecher habe erkennen können, und Bärlach erklärt, er habe nur gesehen, „daß er braune Handschuhe trug" (S. 97, Z. 1 f.). Danach ergänzt er jedoch nachdrücklich: „[...] ich weiß, wer es gewesen ist. Ich weiß es; ich weiß es." (S. 97, Z. 5 f.) Er spielt sein Spiel weiter und lässt Tschanz im Unklaren, und dieser fragt auch nicht nach, wen er für den Einbrecher halte, was ihn weiter belastet. Der Druck, dem Tschanz ausgesetzt ist, wächst beständig und hat nach Bärlachs Plan, die Pension zu besuchen, einen neuen Höhepunkt erreicht. Der Erzähler schließt an diese Aussage des Kommissars eine weitere Beschreibung seiner schlechten körperlichen Verfassung an, was Tschanz' Abwägen widerspiegelt, der nun mit dem Gedanken spielt, Bärlach zu töten. Dieses Ansinnen erhält jedoch ein jähes Ende, als Tschanz „des Liegenden Blick" (S. 97, Z. 11) sieht, „[r]uhig, undurchdringlich und klar" (S. 97, Z. 11 f.). Ist er körperlich stark gezeichnet, so ist sein Verstand dennoch hellwach und seinem jungen Kollegen überlegen, was dieser erkennt. Statt das Messer auf ihn zu richten, versucht er, ihn noch einmal vergeblich von dem Besuch in der Pension Eiger abzubringen (vgl. S. 97, Z. 15–17), und bietet ihm danach an, während des Schlafens bei ihm zu wachen, ein verzweifelter Versuch, seinen Plan doch noch umsetzen zu können. Bärlach schickt ihn jedoch fort und so verlässt Tschanz das Haus zögerlich (vgl. S. 97, Z. 22 und Z. 25), dreht dann jedoch entschlossen um, muss allerdings erkennen, dass Bärlach die Haustür nun entgegen seiner eigenen Behauptung (vgl. Kapitel 4) verschlossen hat.

Bärlachs Überlegenheit

Falle Gastmanns

Nach einem Zeitsprung erfährt der Leser im zweiten Teil des Kapitels, wie Bärlach gegen 6.00 Uhr ein Taxi ruft, das ihn zum Bahnhof bringen soll, da er nun zur Pension reisen möchte. Als er ins Taxi steigt, stellt sich heraus, dass er in eine Falle Gastmanns getappt ist, der den Wagen zu seinem Haus geschickt hat und selbst auf der Rückbank sitzt (vgl. S. 98, Z. 18ff.). Dürrenmatt legt an dieser Stelle eine weitere falsche Fährte für den Leser, wenn er explizit erwähnt, dass Gastmanns „Hände […] in braunen Lederhandschuhen [steckten]" (S. 98, Z. 22f.), sodass der Eindruck entsteht, er könne der Einbrecher gewesen sein. Gastmann fordert Bärlach dazu auf, seine Ermittlungen gegen ihn einzustellen, und warnt ihn, dass „noch jeder umgekommen [ist], der sich mit [ihm] beschäftigt hat" (S. 98, Z. 33f.).

Bärlachs Schuld

Während der Fahrt verdeutlicht Dürrenmatt noch einmal, dass die beiden grundverschieden sind: Bärlach ereifert sich über die zu hohe Geschwindigkeit (vgl. S. 99, Z. 8), wohingegen Gastmann angibt, er „liebe die Geschwindigkeit der Maschinen" (S. 99, Z. 10f.). Ein weiteres Mal versucht er, Bärlach einzuschüchtern, indem er sagt: „Ich rate dir, das Spiel aufzugeben. Es wäre Zeit, deine Niederlage einzusehen" (S. 99, Z. 18f.). Bärlach antwortet darauf, dass sie das Spiel nicht aufgeben könnten, da sie beide schuldig geworden seien (vgl. S. 99, Z. 28–30). Er ist sich der Schuld bewusst, die er auf sich geladen hat, als er der Wette zustimmte, da Gastmann nur aus diesem Grund der Verbrecher geworden ist, der er ist.

Bärlachs Vorhaben

Im weiteren Gespräch klärt er seinen Gegenspieler darüber auf, dass er ihn nie für den Mörder Schmieds gehalten habe. Da es ihm nicht gelungen sei, ihm eins seiner Verbrechen nachzuweisen, werde er ihn nun eines Verbrechens überführen, das er nicht begangen hat (vgl. S. 99, Z. 34–S. 100, Z. 4), was Gastmann mit Respekt erfüllt.

Bärlachs Ankündigung eines Henkers

Als sie am Bahnhof ankommen, teilt Gastmann Bärlach mit, dass er ihn töten werde, sollte er die Operation überleben (vgl. S. 100, Z. 14f.). Anscheinend will er kein weiteres Risiko mehr eingehen und das Spiel zwischen ihnen somit beenden. Bärlach reagiert darauf unerwartet nüchtern und erklärt, dass er der Einzige sei, der ihn richten könne, und er „habe [ihn] zum Tode verurteilt. [Er] w[erde] den heutigen Tag nicht mehr überleben. Der Henker, den [er] ausersehen habe, [werde] heute zu [ihm] kommen. Er w[erde] [ihn] töten, denn das muß nun eben einmal in Gottes Namen getan werden" (S. 100, Z. 20–24). Bärlach maßt sich die göttliche Richterhand an; da es ihm auf kriminalistischem Weg nicht gelungen ist, seinen Gegner zu überführen, richtet er nun über ihn – eine Aufgabe, die ihm eigentlich nicht zukommt. Um wen es sich bei dem Henker handelt, ist dem Leser an dieser Stelle noch nicht bekannt, es fehlen noch Puzzleteile, die sich erst in den folgenden Kapiteln zu einem Gesamtbild zusammenfügen. Die Offenbarung, dass Bärlach sich zum Richter über Gastmann erhebt, ist die zentrale Stelle des Romans, auf der der Titel fußt.

Bärlach in der Rolle des Richters

Auch wenn Gastmann ihn ungehindert ziehen lässt, ist er sichtlich getroffen von Bärlachs Aussage, denn er „zuckte zusammen und starrte den Alten verwundert an" (S. 100, Z. 25 f.); als seine Verwunderung weicht, ruft er ihm nach, er sei ein Narr, Bärlach ist jedoch bereits verschwunden.

Gastmanns Verwunderung

Achtzehntes Kapitel (S. 101 – 105)

Tschanz' Vorhaben, einen Täter zu liefern

Das achtzehnte Kapitel hebt sich erzähltechnisch von den vorherigen ab, da der Leser nun Tschanz beobachtet, ohne dass Bärlach gegenwärtig ist, der in fast allen anderen Kapiteln das Zentrum der Schilderungen bildet. Gleich zu Beginn wird deutlich, dass dieser Sonntag ein Tag mit schwerwiegenden Ereignissen werden wird, was bereits der erste Satz erahnen lässt, der den Tag näher definiert: „Der Tag [...] war klar und mächtig, die Sonne, ein makelloser Ball, warf harte und lange Schatten" (S. 101, Z. 1–3). Tschanz holt an diesem Sonntagmorgen Anna, die Freundin des Getöteten, von der Kirche ab. Sie trägt einen weißen Regenmantel, was den Verdacht bestätigt, dass Anna die Frau ist, die er am Samstagabend zum Essen ausgeführt hat (vgl. Kapitel 15). Er teilt ihr mit, dass er noch an diesem Tag Schmieds Mörder stellen werde (vgl. S. 101, Z. 26f.), und fragt sie, ob sie nach der Aufklärung des Mordes seine Verlobte werden wolle, was sie nach einigem Zögern bejaht (vgl. S. 102, Z. 1–7). Es sind erst wenige Tage vergangen seit Schmieds Tod, was den Verdacht aufkommen lässt, dass Tschanz schon länger eine Beziehung mit Anna gewünscht hat. Ob es ihm dabei nur darum geht, Schmieds Leben zu imitieren, das er immer beneidet hat, oder um die junge Frau als Person, bleibt unklar.

Tschanz' Entschlossenheit, Gastmann verantwortlich zu machen

Nach dem Zusammentreffen mit Anna fährt Tschanz nach Ligerz; entgegen seiner sonstigen Angewohnheit fährt er langsam und lässt sich Zeit (vgl. S. 102, Z. 13–15). Von dem gehetzten Verhalten, das er sonst an den Tag gelegt hat, ist keine Spur mehr vorhanden, er ist „ruhig geworden" (S. 102, Z. 17), da er einen Entschluss gefasst hat. Diesen Entschluss will er nun in die Tat umsetzen und so begibt er sich im Anschluss an die Fahrt zu Fuß nach Lamboing. Seine Entschlossenheit spiegelt sich deutlich in seinem Handeln wider, denn er „stieg immer höher, ruhig, langsam, unbeirrbar, die rechte Hand in der Manteltasche" (S. 102, Z. 23f.). Seine Hand ruht auf dem Revolver in seiner Tasche, der Leser ahnt, dass Tschanz nun allein den Weg zu Gastmann antritt, was ihm zuvor verwehrt geblieben ist. Dürrenmatt wiederholt die Wendung „er stieg unaufhaltsam" (z.B. S. 102, Z. 26f.), um zu verdeutlichen, dass eine Konfrontation nun unumgänglich ist. Während seines Marsches bewegt er sich, „ohne zu denken, ohne zu sehen, nur von *einem* Willen getrieben, von *einer* Leidenschaft beherrscht" (S. 104, Z. 13–15). Er muss Gastmann stellen, um seine eigene Chance zu wahren, den Fall Schmied als Sprungbrett zu nehmen und sein Leben zu verbessern.

Sprechender Name

Der Name „Tschanz" kann demnach als sprechender Name gewertet werden, da er die „Chance", die

Gelegenheit, mit allen Mitteln nutzen will. Gelingt es ihm nicht, Gastmann für den Mord verantwortlich zu machen, so ist es nur eine Frage der Zeit, bis er selbst als Täter identifiziert wird.

Erkennen von Bärlachs Taktik

Als er den Hof erreicht, wird erwähnt, dass dort ein amerikanischer Wagen steht (vgl. S. 104, Z. 24). Spätestens an dieser Stelle erkennt der Leser, dass er sich zu Gastmann begibt, denn in genau solch einem Wagen hat dieser noch am Morgen Bärlach aufgelauert (vgl. Kapitel 17). Tschanz betritt das Haus und trifft auf Gastmann, der mit seinen beiden Dienern im Begriff ist abzureisen (vgl. S. 104, Z. 31–33) – ein eindeutiger Hinweis darauf, dass Gastmann die Drohung Bärlachs ernst nimmt und den von ihm angekündigten Henker fürchtet. Dementsprechend kommentiert er das Auftauchen von Tschanz auch mit einem nüchternen „Sie sind es also" (S. 104, Z. 35). Es zeigt sich, dass er noch immer Freude an dem Spiel hat, denn als er das Muster hinter den Ereignissen erkennt, ruft er aus: „So meinte es der Alte! Nicht ungeschickt, ganz und gar nicht ungeschickt!" (S. 105, Z. 3f.) Er zollt der Taktik Bärlachs Respekt, gerade so wie ein Schachspieler das gekonnte Spiel seines Gegners bewundert.

Tschanz in der Rolle des unbewussten Henkers

Die weiteren Geschehnisse ereignen sich ganz schnell: Tschanz wird von einem der Diener angeschossen, woraufhin dieser drei Mal in das „verhallende Lachen Gastmanns hinein" (S. 105, Z. 12) schießt. Die Prophezeiung Bärlachs ist zur Realität geworden, indem Tschanz Gastmann hingerichtet hat. Auch wenn Bärlach in diesem Kapitel nicht in Erscheinung tritt, so ist das Handeln von Tschanz doch durch diesen vorgegeben. Bärlach hat einen so großen Druck aufgebaut durch all seine subtilen Andeutungen und Handlungen, dass Tschanz unbewusst zum Henker wird und Gastmann tötet, über den Bärlach als Richter das Todesurteil verhängt hat.

Bärlachs Tagesprotokoll

Sonntag, 06.11.1948

2.00 Uhr: Tschanz dringt nachts in mein Haus ein, Schlimmeres kann durch Schüsse in die Fensterscheibe vereitelt werden.

3.30 Uhr: Telefonanruf bei Tschanz mit der Bitte, zu meinem Haus zu kommen → subtile Andeutung darüber, dass ich weiß, dass er der Eindringling war

6.00 Uhr: Fahrt zum Bahnhof

→ *Gastmann holt mich statt des bestellten Taxis ab: Ankündigung, dass er den Tag nicht überleben wird, da mein Henker ihn töten wird*

Vormittags: Tschanz erschießt Gastmann und alarmiert die Polizei.

Neunzehntes Kapitel (S. 106–109)

Scheinbare Notwehr

Nachdem Tschanz Gastmann und dessen Diener erschossen hat, alarmiert er die hiesige Polizei. Als die Beamten der unterschiedlichen Bezirke eintreffen, finden sie Tschanz mit zwei Schusswunden vor und stellen bei allen drei Leichen Revolver sicher, die abgefeuert worden sind (vgl. S. 106, Z. 1–7); Tschanz scheint somit in Notwehr gehandelt zu haben. Im weiteren Verlauf des Geschehens wird jedoch deutlich, dass Tschanz einer Leiche die Waffe, mit der er Schmied ermordet hat, untergeschoben haben muss, was auch erklärt, dass er nur zwei Schüsse abbekommen hat.

Lutz' Eingeständnis

Am nächsten Morgen begutachten Lutz und von Schwendi die Leichen. Dr. Lucius Lutz ist dabei sichtbar gezeichnet, die Situation macht ihm schwer zu schaffen. Lutz hat zuvor ausdrücklich verlauten lassen, dass Gastmann wegen seiner Persönlichkeit über jeden Verdacht erhaben sei (vgl. Kapitel 12), da er sich von dem ihm vorgelegten Lebenslauf und dem hohen gesellschaftlichen Ansehen hat blenden lassen. Nun muss er erkennen, dass dies ein grober Fehler war, und sein Gesellschaftsbild gerät ins Wanken, was sich eindeutig an folgender Aussage ablesen lässt: „Ein Hohlkopf an der Spitze einer Großmacht, Nationalrat, und schon werden wir weggeschwemmt, ein Gastmann, und schon sind unsere Ketten durchbrochen, die Vorposten umgangen." (S. 107, Z. 7–10) Damit verweist er zugleich auf die beständig lauernde Gefahr in Politik und Wirtschaft und muss sich zudem eingestehen, dass er naiv und blind dem Schein der Person Gastmanns erlegen ist, was ihm sichtlich unangenehm ist.

Rehabilitation Schmieds und Verurteilung Gastmanns

Lutz erläutert von Schwendi gegenüber weiterhin den Fall und rehabilitiert dabei Schmied: Gastmann sei der Mörder Schmieds, da dieser gefürchtet habe, durch ihn seiner Verbrechen überführt zu werden. Schmied habe versucht, ihn als Privatperson zu stellen, was ihm dann zum Verhängnis geworden sei (vgl. S. 107, Z. 20–31). Die Mappe, die Gastmann aus Bärlachs Besitz entwendet hat, wird nun zur Belastung, zudem ist bei einem seiner toten Diener die Waffe gefunden worden, mit der Schmied erschossen worden ist. Gastmann wird nun also tatsächlich eines Mordes überführt, den er nicht begangen hat, so wie es Bärlach vorausgesagt hat.

Bevorstehende Beförderung Tschanz'

Nach dieser Aufdeckung betritt Bärlach den Raum, um die Leiche Gastmanns zu betrachten. Lutz setzt ihn darüber in Kenntnis, dass er Tschanz befördern müsse (vgl. S. 108, Z. 15f.), da dieser den Mörder Schmieds gestellt habe. Er selbst und Bärlach hätten versagt und „Tschanz hat [sie] ganz unwissenschaftlich mit seinem bloßen Revolver widerlegt" (S. 108, Z. 8ff.). Tschanz scheint sein Ziel erreicht zu haben.

Ende des Spiels ohne Sieger

Nachdem Lutz und von Schwendi gegangen sind, nimmt Bärlach Abschied von Gastmann. Dabei wird deutlich, dass das Ende des Spiels zwischen den beiden gleichzeitig das Ende beider Leben bedeutet (vgl. S. 108, Z. 34f.). Aus ihrem Spiel geht kein Sieger im eigentlichen Sinne hervor und so verbleibt Bärlach nachdenklich und bedrückt. Er erinnert sich noch einmal an die lange Zeit, in der er versucht hat, Gastmann zur Strecke zu bringen. Nun, da „das Wild, das nun erledigt zu seinen Füßen lag" (S. 108, Z. 33f.), kein Unheil mehr anrichten kann, fühlt Bärlach, der Jäger, keine Genugtuung, „es gab ihm keine Ruhe wie dem andern" (S. 109, Z. 10). Zu groß ist die Schuld, die auf ihm lastet. Der Versuch, Gastmann zur Strecke zu bringen als Wiedergutmachung für die Schuld, die er mit dem Abschluss der Wette auf sich geladen hat, ist gescheitert, da er ihn nur durch ein erneutes Schuldigwerden hat stoppen können, indem er ein Todesurteil über ihn gefällt und sich so selbst über alle Gesetze hinweggesetzt hat. Das Kapitel endet mit Bärlachs „demütigende[r] Bitte um Vergessen, d[er] einzige[n] Gnade, die ein Herz besänftigen kann, das ein wütendes Feuer verzehrt" (S. 109, Z. 18–20). Die Schuld, die er mit der Wette auf sich geladen hat, hat ihn bis zum Ende verfolgt und innerlich aufgezehrt und verbrannt. Das wütende Feuer, dem er nicht entkommen kann, ist also als Symbol zu werten und so bittet er voller Demut um Vergessen.

Symbol des Feuers

Zwanzigstes Kapitel (S. 110–117)

Abendessen bei Bärlach

Bärlachs Aufforderung folgend besucht Tschanz den Kommissar um 20.00 Uhr in seinem Haus, wo sich ihm eine skurrile und groteske Situation bietet: Bärlach hat Dienstmädchen und eine Köchin engagiert und erwartet seinen jungen Untergebenen zu einem Festmahl an einem „feierlich für zwei Personen gedeckt[en]" (S. 110, Z. 11) Tisch. Er gibt vor, den Erfolg des ambitionierten Ermittlers feiern zu wollen, dieser fühlt sich jedoch von Anfang an unwohl und wie „betäubt" (S. 110, Z. 17). Er fürchtet den Alten und fühlt sich ihm ausgeliefert. Um zu verdeutlichen, wie sehr er durch ihn eingeschüchtert wird, wird Bärlach als eine imposante Erscheinung beschrieben, er erwartet ihn „in einem Lehnstuhl, von den stillen Flammen rot beschienen, ein unerschütterliches Bild der Ruhe" (S. 110, Z. 13f.). Die gesamte Situation erscheint noch grotesker, als das Essen aufgetragen wird, ein unvorstellbarer Überfluss an Speisen, und Bärlach gierig Unmengen der Delikatessen verschlingt und dazu maßlos dem Champagner zuspricht (vgl. z.B. S. 111, Z. 3–9). Tschanz dagegen kann keinen Gefallen an den Köstlichkeiten finden und erinnert Bärlach an dessen Krankheit (vgl. S. 111, Z. 14), worauf Bärlach „Heute nicht, Tschanz, heute nicht. Ich feiere, daß ich Schmieds Mörder endlich gestellt habe!" (S. 111, Z. 16f.) antwortet. Die Verwendung des Personalpronomens „ich" verweist eindeutig darauf, dass Bärlach selbst den Fall aufgeklärt hat, er schenkt der von Lutz angeführten offiziellen Theorie (vgl. Kapitel 19) keinen Glauben. Er wirkt immer furchteinflößender auf seinen Gast, was Dürrenmatt durch seine Wortwahl deutlich hervorhebt (vgl. z.B. S. 111, Z. 20 und Z. 22). Er wirkt roh, animalisch und zügellos, wodurch sich bei Tschanz ein Gefühl des Entsetzens einstellt, bis er zitternd feststellt, dass Bärlach sich nur verstellt habe und gar nicht krank sei (vgl. S. 111, Z. 31), was dieser wahrheitswidrig bestätigt. Tschanz erkennt nun scheinbar die Situation und muss feststellen, „daß er in eine heimtückische Falle geraten war" (S. 112, Z. 5f.). Ihm wird die Aussichtslosigkeit seiner Situation bewusst und er sagt leise: „Sie wissen es" (S. 112, Z. 10), was gleichzeitig als Schuldgeständnis gewertet werden kann.

Aufdecken der Falle

Bärlach spricht nun aus, was beide die ganze Zeit über wussten, und klärt so den Leser darüber auf, dass Tschanz der Mörder Schmieds ist. Tschanz offenbart Bärlach, er habe schon immer geahnt, dass er die Wahrheit wisse, unternimmt aber noch einen letzten verzweifelten Versuch der Rettung, als er auf die Kugel verweist, die aus der Waffe des Dieners abgefeuert worden sei – ein klägliches Bestreben,

Aufklärung des Lesers

das von Bärlach direkt „verächtlich" (S. 112, Z. 28) erstickt wird. Tschanz selbst habe dem Diener die Waffe untergeschoben, um so den Fall abzuschließen (vgl. S. 112, Z. 28–32). Dieser befindet sich nun in äußerster Bedrängnis und führt verzweifelt an, dass Bärlach ihm dies niemals nachweisen könne; der alte Kommissar wirkt in dieser Situation jedoch so überlegen und übermächtig, dass Tschanz völlig in die Enge getrieben wird. Sein fürchterliches Mahl fortsetzend klärt Bärlach ihn und damit auch den Leser über die Gesamtzusammenhänge auf, wobei sich seine gerissene Taktik und kühle Berechnung (vgl. das Bild des Schachspielers) offenbaren: Er hat von Anfang an vermutet und später gewusst, dass Tschanz der Mörder Schmieds ist, und hat ihm Fallen gestellt, die seine Schuld eindeutig beweisen. Als Tschanz den Hund Gastmanns erschossen hat, hat er den entscheidenden Beweis geliefert, denn die Kugel aus seinem Revolver stimmt mit der, die Schmied getötet hat, überein. Bärlach ist auf den Angriff des Hundes vorbereitet gewesen und konnte so eine Kugel zum Abgleich gewinnen, als Tschanz ihm vermeintlich das Leben gerettet hat (vgl. S. 113, Z. 17–22). Zudem hat Tschanz sich durch „die Komödie mit dem ‚blauen Charon'" (S. 113, Z. 26) bereits zuvor selbst belastet. Bärlach habe durch Telefonate vorab in Erfahrung gebracht, dass Schmied den anderen Weg gefahren sei. Ihm ist also die ganze Zeit über bewusst gewesen, dass Tschanz mit dem blauen Mercedes, den er sich von der Pension geliehen hat, versucht hat, eine falsche Spur zu legen (vgl. S. 113, Z. 24–32). Auch das Tatmotiv kann Bärlach eindeutig benennen: Tschanz habe Schmied aus Eifersucht getötet, denn er habe ihm „seine Fähigkeiten, […] seinen Erfolg, […] seine Bildung, […] sein Mädchen" (S. 113, Z. 35–S. 114, Z. 1) geneidet. Er habe Schmied schon lange beobachtet und als er dann auf dessen Aufzeichnungen über den Fall Gastmann gestoßen sei, habe er die Gelegenheit ergriffen und ihn getötet, „um ein-

Aufdeckung der Taktik Bärlachs

mal selber Erfolg zu haben" (S. 114, Z. 6). Bärlach schließt seine Erläuterungen mit der Aussage „Und nun hast du, was du wolltest: seinen Erfolg, seinen Posten, seinen Wagen und seine Freundin." (S. 114, Z. 17 ff.) ab und führt Tschanz regelrecht vor. Der Leser erkennt nun, dass Bärlachs Verhalten geschickt geplant war; was zunächst als altmodisch, unkonventionell und amtsmüde verstanden werden konnte, entpuppt sich als ausgeklügelte Taktik.

Bärlachs Taktik

- Anforderung von Tschanz als Gehilfen, da er ihn schon des Mordes an Schmied verdächtigt
- Zurückhalten von Informationen (z. B. Kenntnis über den Weg, den das Opfer genommen hat; Schmieds Aufenthalte bei Gastmann; Verlust der Mappe an Gastmann etc.)
- Nachspielen des Tathergangs
- Streuen von Informationen (z. B. Hinweis darauf, dass seine Haustür nie verschlossen sei → Einbruch)
- vorbereitete Konfrontation mit Gastmanns Hund zur Sicherstellung einer Kugel aus der Mordwaffe
- bewusstes Reizen (z. B. Hinweis auf geplanten Aufenthalt in der Pension Eigner)
- Verunsicherung Gastmanns durch das Ankündigen eines Henkers

Der psychische Druck, der auf Tschanz lastet, wächst kontinuierlich an, bis Bärlach ihn zum Äußersten treibt; Tschanz wird zum Henker und tötet Gastmann.

Instrumentalisierung Tschanz'

Tschanz muss einsehen, dass Bärlach mit ihm „gespielt" (S. 114, Z. 29) hat und er seinem ausgeklügelten Schachzug erlegen ist. Bärlach klärt ihn daraufhin über die weiteren Umstände auf und konstatiert: „Du hast mir Schmied getötet, und nun mußte ich dich nehmen." (S. 114, Z. 31 f.) Schmied sollte Bärlach dabei behilflich sein, Gastmann zu stellen. Als er Tschanz darüber informiert, wird deutlich, welch positives Bild er von dem Getöteten hat, er bezeichnet ihn als „edles Tier" (S. 116, Z. 3), das er auf „eine wilde Bestie" (S. 116, Z. 3), „auf den Teufel in Menschengestalt gehetzt" (S. 116, Z. 2f.), hat. Seinen Gesprächspartner degradiert er gleichzeitig, indem er ihm vorwirft, dass er ihm mit „[s]einem lächerlichen, verbrecherischen Ehrgeiz" (S. 116, Z. 4f.) die Chance genommen habe, Gastmann zu überführen. Ihm sei nichts anderes übrig geblieben, als „den Mörder […] in [s]eine furchtbarste Waffe" (S. 116, Z. 6f.) zu verwandeln, und so habe er ihn bewusst immer weiter in Bedrängnis gebracht, um ihn dazu zu bringen, Gastmann zu töten. Er gibt außerdem zu, sofort gewusst zu haben, dass Tschanz bei ihm eingebrochen sei, um die Mappe zu entwenden, sein letzter Ausweg. Bärlachs Verhalten „geschah mit der Absicht, [ihn] in die äußerste Verzweiflung zu treiben" (S. 116, Z. 24), bis Tschanz Gastmann töten musste, um seine eigene Schuld zu verbergen. Als der Alte Tschanz auch noch mitteilt, dass er Gastmann darüber in Kenntnis gesetzt habe, dass er jemanden schicken werde, um ihn zu töten, bringt Tschanz sein Vorgehen auf den Punkt: „Da haben Sie mich und Gastmann aufeinander gehetzt wie Tiere!" (S. 116, Z. 32f.) Bärlach rechtfertigt sein Vorgehen, indem er unerbittlich „Bestie gegen Bestie" erwidert. Es wird deutlich, dass er mit Tschanz „wie mit Schachfiguren" (S. 67, Z. 6f.) operiert hat, obwohl er ebendies in der Wette mit Gastmann als unmöglich bezeichnet hat (vgl. Kapitel 11).

Bärlach als Richter

Als Tschanz bewusst wird, dass er selbst „nun ein Verbrecher, ein Mensch, den man jagen wird" (S. 117, Z. 5f.), ist, Bärlach dagegen keine Konsequenzen zu befürchten hat, überlegt er kurzzeitig, ihn zu erschießen. Der Alte führt ihm jedoch sofort die Ausweglosigkeit seines Vorhabens vor Augen und so resigniert Tschanz (vgl. S. 117, Z. 11–15). Bärlach entlässt ihn mit der Aufforderung, die Stadt zu verlassen. Er werde sein Verbrechen nicht verraten, es reiche, dass er bereits „*einen* richtete" (S. 117, Z. 20). Bärlach hat sich zum Richter über Gastmann erhoben und seinen Tod veranlasst – eine Handlung, die seine Rechte weit übersteigt, und so ist er selbst ein weiteres Mal schuldig geworden.

Zusammenfügen des Gesamtbildes

Erst im zwanzigsten Kapitel erkennt der Erstrezipient die kompletten Zusammenhänge, da nicht nur Bärlach Tschanz Informationen vorenthalten hat, sondern gleichzeitig auch dem Leser. Alle Fäden laufen zusammen und rückblickend erscheinen die Handlungen und das Verhalten der Figuren in einem ganz anderen Licht. Bei einem zweiten Lesedurchgang fallen Dürrenmatts geschickt platzierten Hinweise ins Auge und für den Leser scheint es von Anfang an eindeutig zu sein, dass Tschanz in den Mordfall verstrickt ist.

Henkersmahlzeit

Die abschließende Zusammenkunft der beiden Beamten wird zur Henkersmahlzeit, zum einen für Tschanz, der mit allen Zusammenhängen konfrontiert wird und erkennen muss, dass Bärlach ihn die ganze Zeit über manipuliert hat, aber auch für Bärlach selbst. Das Mahl stellt den Höhepunkt des selbstzerstörerischen Prozesses Bärlachs dar, der mit seiner Schuld nicht leben kann. Um sein schlimmes Magenleiden wissend, das Ausdruck seiner Schuldgefühle und Verzweiflung ist, ist ihm bewusst, dass der hemmungslose, ja geradezu unerbittliche Konsum der Gerichte seinen Tod bedeuten kann.

Bärlachs Tagesprotokoll

Montag, 07.11.1948

morgens: Besuch im Leichenschauhaus

→ *Lutz: Gastmann wird nun offiziell als Mörder Schmieds gehandelt; Tschanz soll befördert werden, da er ihn als Täter entlarvt hat und ihn in Notwehr erschossen hat.*

20.00 Uhr: Essen mit Tschanz

→ *Aufdecken des Spiels*

Einundzwanzigstes Kapitel (S. 118)

Tschanz' Selbstmord

Das letzte und zugleich kürzeste Kapitel klärt den Leser darüber auf, dass Bärlach bei der Aufklärung der Zusammenhänge am Abend zuvor Tschanz in einem Punkt belogen hat: Seine Krankheit war keineswegs gespielt und er wird sich an diesem Tag operieren lassen. Von Lutz erfährt er außerdem, dass Tschanz ums Leben gekommen ist, sein Wagen sei von einem Zug erfasst worden (vgl. S. 118, Z. 7–10). Die Todesart legt den Verdacht nahe, dass er Selbstmord begangen hat, da er mit den Offenbarungen des Alten nicht leben konnte. Der Roman schließt mit einem nachdenklichen Bärlach, der aus dem Fenster blickend feststellt: „Nur noch ein Jahr." (S. 118, Z. 13)

Bärlachs Tagesprotokoll

Dienstag, 08.11.1948

Tschanz wird tot aufgefunden (Selbstmord).

Operation (Hungertobel)

Hintergründe

Lebensstationen und Themen Friedrich Dürrenmatts

Familiensituation

Friedrich Dürrenmatt wurde am 5. Januar 1921 als Sohn eines protestantischen Pfarrers, Reinhold Dürrenmatt, und dessen Frau Hulda in dem kleinen Ort Konolfingen im Kanton Bern, Schweiz, geboren. Sein Großvater war Ulrich Dürrenmatt, ein bekannter konservativer Politiker, der auch als Journalist und Satiriker tätig war, jedoch bereits vor Friedrichs Geburt 1908 verstarb.

Bildung

Friedrich Dürrenmatt wurde in seinem Elternhaus sehr religiös erzogen. Der Wunsch seines Vaters war es, dass er Theologie studiere. Dürrenmatt entschied sich nach dem Umzug der Familie nach Bern 1935, wo er 1941 nach einigen Schwierigkeiten das Abitur bestand, jedoch gegen den Wunsch des Vaters und schrieb sich für Philosophie, Literatur- und Naturwissenschaften an der Universität in Zürich ein.

Abbruch des Studiums; erste Erfolge als Schriftsteller

Er setzte das Studium später in Bern fort, ohne jedoch einen Abschluss zu erwerben. Stattdessen begann er bereits während seines Studiums mit der Schriftstellerei und verfasste eigene Texte anstelle von Seminararbeiten.

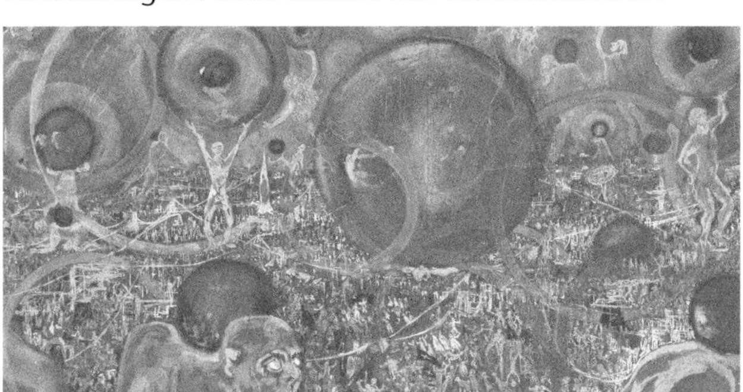

Die Welt der Atlasse, Gouache, 1965 – 1978, © Centre Dürrenmatt Neuchâtel (Ausschnitt)

1945 wurde seine erste Erzählung „Der Alte" in einer Tageszeitung abgedruckt und kurze Zeit später entschied er sich für den Abbruch seines Studiums, um sich ganz dem Schreiben zu widmen. Neben der Schriftstellerei betätigte er sich außerdem als Maler und fertigte Zeichnungen und Bilder an. Erste Erfolge im Literarischen stellten sich dann mit seinen Dramen ein, so wurde „Es steht geschrieben" 1947 im Schauspielhaus Zürich aufgeführt. Dürrenmatt erhielt seine erste Auszeichnung, den Preis der Welti-Stiftung für das Drama, ein schweizer Literaturpreis. Der finanzielle Erfolg blieb jedoch aus.

Heirat, Familiengründung und finanzielle Krise

1946 lernte Dürrenmatt im Sommer die Schauspielerin Lotti Geißler kennen, welche er kurze Zeit später heiratete. 1948 zog er mit ihr und dem gemeinsamen Sohn Peter, der 1947 geboren worden war, an den Bieler See zu seiner Schwiegermutter nach Schernelz, da die junge Familie sich in einer belastenden finanziellen Situation befand. An die-

Dürrenmatt mit seiner Frau Lotti

sem Ort spielt später unter anderem auch die Handlung seines Kriminalromans „Der Richter und sein Henker". Um den Lebensunterhalt der Familie bestreiten zu können – Lotti war nach der Geburt ihres ersten Kindes nicht mehr als Schauspielerin tätig –, arbeitete er als Theaterkritiker und schrieb einige Zeitungen an, wodurch er schließlich die Möglichkeit erhielt, einen Fortsetzungsroman für die Zeitschrift „Der Schweizerische Beobachter" zu schreiben; so entstand sein erster Kriminalroman „Der Richter und sein Henker", der zunächst in acht Teilen erschien, bevor er 1952 auch als Roman veröffentlicht wurde. 1951 folgte „Der Verdacht", ein weiterer Kriminalroman mit Kommissar Bärlach als Ermittler. Zudem verfasste Dürrenmatt erfolgreich Hörspiele wie zum Beispiel „Nächtliches Gespräch mit einem verachteten Menschen", sodass sich die finanzielle Lage zunehmend verbesserte.

Friedrich Dürrenmatt

Literarische Erfolge

1952 bezog Dürrenmatt gemeinsam mit seiner Frau ihr eigenes Haus in Neuchâtel, wo sie fortan mit ihren drei Kindern Peter, Ruth und Barbara lebten. Während dieser Zeit stellte sich mit dem Theaterstück „Die Ehe des Herrn Mississippi" auch der erste große Bühnenerfolg ein und 1954 erhielt Dürrenmatt den Literaturpreis der Stadt Bern. Sein Wirkungsgrad erweiterte sich mit seinem Stück „Der Besuch der alten Dame", das weltweit auf Begeisterung stieß. Dürrenmatt war nun endgültig ein geachteter Schriftsteller und es entstanden weitere bedeutsame Werke wie die Theaterstücke „Die Physiker" und „Der Meteor".

Auszeichnungen

Dürrenmatt wurde mit zahlreichen Auszeichnungen geehrt, darunter auch einige Ehrendoktortitel und der Georg-Büchner-Preis, der wichtigste Literaturpreis Deutschlands. Außerdem wurden einige seiner Werke verfilmt, so auch der Roman „Der Richter und sein Henker“, wobei Dürrenmatt selbst die Rolle des Schriftstellers verkörperte (s. Filmbild S. 98).

Zweite Ehe

Im Jahr 1983 starb Dürrenmatts Frau Lotti nach 37 Jahren Ehe. Ein Jahr später heiratete er erneut und verbrachte mit seiner zweiten Frau, der Schauspielerin Charlotte Kerr, mit der er an verschiedenen Projekten zusammenarbeitete, noch sechs Jahre, bevor er selbst am 14.12.1990 an einem Herzinfarkt starb.

Dürrenmatts Themen

Dürrenmatt war in seinem Leben stets vielfältig bestrebt, gesellschaftliche Strukturen offenzulegen, und ging in verschiedenen Werken der Frage von Schuld und Gerechtigkeit nach, u. a. in den Romanen „Der Richter und sein Henker“ und „Der Verdacht“ und in seinem Hörspiel „Die Panne“. Doch auch die Verantwortung der Wissenschaft wurde von ihm in besonderem Maße thematisiert (vgl. „Die Physiker“) und er hielt immer wieder Vorträge über Themen von gesellschaftlicher Brisanz und fungierte somit als bedeutender Gesellschaftskritiker seiner Zeit.

Entstehungsgeschichte des Romans

Finanzielle Notlage

Friedrich Dürrenmatts bekanntester Kriminalroman ist vordergründig aus einer finanziellen Notlage heraus entstanden. Das junge Ehepaar Dürrenmatt konnte nur schwer von den spärlichen Einnahmen der Schriftstellerei leben, nachdem Lotti Dürrenmatt die Schauspielerei zugunsten der Familienplanung aufgegeben hatte. Die Theaterstücke Dürrenmatts warfen zunächst nicht viel Geld ab und so versuchte er, andere Einnahmequellen zu finden. Aus diesem Grund schrieb er verschiedene Zeitungen an, denen er unter anderem ein erstes Konzept zu „Der Richter und sein Henker“ offerierte. Seine Bestrebungen waren schließlich erfolgreich und er schloss einen Vertrag mit der Wochenzeitschrift „Der Schweizerische Beobachter", die die Kriminalgeschichte als Fortsetzungsroman in acht Folgen drucken wollte. So kam es, dass der erste Teil des Romans am 15.12.1950 erschien. Die Geschichte um den skurrilen Ermittler Bärlach wurde zum Erfolg und so erschien 1952 eine überarbeitete Fassung des Romans in Buchform. Seitdem folgten viele Auflagen in verschiedensten Ländern und der Roman wurde in die Lehrpläne der Schulen integriert.

Versuch, große Massen zu erreichen

Zwar war die finanzielle Notlage für Dürrenmatt der größte Beweggrund, sich dem Krimigenre zuzuwenden, da er dort eine bessere Einnahmequelle vermutete, so darf aber keinesfalls der Eindruck entstehen, dass er es sich zum Vorsatz gemacht hat, einen trivialen Kriminalroman zu schreiben; ganz im Gegenteil: Friedrich Dürrenmatt wollte mit diesem weitverbreiteten Format die Menschen erreichen, die ansonsten eher leichte Literatur gewöhnt sind, er wollte also dort künstlerisch tätig werden, wo es nicht vermutet wird, und so die Massen ansprechen, indem er „Die scheinbare Trivialität als Trick"[1] benutzt. Dürrenmatt selbst äußerte sich selbst zu diesem Ansatz in seinem Aufsatz „Theaterprobleme" wie folgt: *„Wie besteht der Künstler in einer Welt der Bildung, der Alphabeten? Eine Frage, die mich bedrückt, auf die ich noch keine Antwort weiß. Vielleicht am besten, indem er Kriminalromane schreibt,* ***Kunst da tut, wo sie niemand vermutet*** *[Hervorhebung durch die Autorin]. Die Literatur muß so leicht werden, daß sie auf der Waage der heutigen Literaturkritik nichts mehr wiegt. Nur so wird sie wieder gewichtig."* (Anhang der Textausgabe, S. 119)

Spiel mit dem Krimigenre

„Der Richter und sein Henker" ist also viel mehr als ein einfacher Kriminalroman. Dürrenmatt spielt mit dem Krimigenre, um ein großes Publikum zu erreichen, und zeigt

[1] Anhang der Textausgabe: Requiem auf den Kriminalroman, Peter Rüedi, S. 136, Z. 8

so, dass ein Kriminalroman weitaus mehr sein kann als eine einfache Mordgeschichte.

Eigene Heimat als Handlungsort

Beim Schreiben des Romans wurde er maßgeblich von unterschiedlichen Faktoren beeinflusst. Zum einen ist seine Geschichte in seiner Heimat angesiedelt, genaue Beschreibungen der Umgebung und Ortsangaben lassen keine Zweifel daran, dass der Roman „Der Richter und sein Henker" in Dürrenmatts unmittelbarem Wohnumfeld spielt; der Besuch beim Schriftsteller erweckt sogar den Anschein, das Arbeitszimmer des Autors selbst zu betreten. Anders als viele andere berühmte Krimiromane hat er seinen Mordfall in einen kleinen Ort verlegt, um „die Brüchigkeit und Fragwürdigkeit [dieses Idylls] zu entlarven"[1].

Literarische Vorlagen

Zum anderen kannte Dürrenmatt zweifellos die Größen der Kriminalliteratur; zu nennen in diesem Zusammenhang sind der erfolgreiche amerikanische Autor Raymond Chandler (1888–1959), der mit seinem Ermittler Philip Marlowe eine der bekanntesten Detektivfiguren überhaupt geschaffen hat, und der Schweizer Friedrich Glauser (1896–1938), der Wachtmeister Studer erfolgreich Ermittlungen anstellen ließ. Dürrenmatt selbst wies eine Beeinflussung durch die Kriminalromane seines Landsmannes jedoch zurück.

Die Frage der Gattung – Kriminal- oder Detektivroman?

Orientierung an Gattungsmerkmalen

Dürrenmatt war mit gängigen Kriminalromanen vertraut, sodass es nicht verwunderlich ist, dass er mit seiner ersten eigenen Kriminalgeschichte einen ausgefeilten Roman geschaffen hat, der sich an den Gattungsmerkmalen orien-

[1] Aus: DIE ZEIT, Nr. 29 vom 12. Juli 1996, Thomas Schäfer: Mord in der Idylle

tiert. Um Dürrenmatts Werk „Der Richter und sein Henker" gattungsspezifisch eindeutig einordnen zu können, ist es zunächst notwendig, eine Definition des Kriminalromans vorzunehmen.

Der Kriminalroman behandelt stets ein Verbrechen, in der Regel einen Mord, wobei dem Leser die Ereignisse meist in chronologischer Reihenfolge präsentiert werden. Die Handlung setzt oft bereits vor der eigentlichen Tat ein; der Rezipient verfolgt dabei häufig den Mord und erhält so Einblicke in den Tathergang, die Tatmotive und die inneren Vorgänge des Täters, und er wird nacheinander mit den Folgen der Tat konfrontiert, sodass die Erzählung stringent nach vorne läuft.

Definition: Kriminalroman

Neben dem herkömmlichen Kriminalroman gibt es eine Unterart dieser Gattung, nämlich den Detektivroman. Diese Form des Romans hat ebenso ein Verbrechen zum Inhalt oder aber zum Beispiel das Verschwinden einer Person. Die Erzählung beginnt jedoch erst, nachdem die Tat bereits begangen worden ist. Insgesamt basiert der Detektivroman auf drei konstituierenden Elementen: Er beginnt mit einem rätselhaften Mord oder einem anderen Verbrechen, das einer Aufklärung bedarf, schildert dann die Suche nach dem Täter durch den Ermittler und endet mit der Aufklärung des Falls. Der Leser folgt also dem Ermittler bei der Entschlüsselung eines Rätsels, meist eines Mordes, und bekommt durch Gespräche, Verhöre, das Entdecken von Hinweisen etc. die Möglichkeit, selbst Schlussfolgerungen zu ziehen und mitzurätseln, wobei der Autor oft falsche Fährten legt oder versteckte Hinweise liefert, die im Nachhinein ins Auge fallen. Anders als beim Kriminalroman ist die Chronologie beim Detektivroman also aufgebrochen, da zum Beispiel Tathergänge und Motive nachträglich rekonstruiert werden. Wohl am bekanntesten sind die Detektivromane, die sich um die Figur Sherlock Holmes drehen, geschrieben von dem bri-

Unterart der Gattung: Detektivroman

tischen Schriftsteller Sir Arthur Conan Doyle (1859–1930). Die von Doyle geschaffene Figur Sherlock Holmes überzeugt durch ganz genaue Beobachtungen und sachliche Schlussfolgerungen und ist so beliebt, dass sie auch heute noch im Mittelpunkt von Verfilmungen steht.

„Der Richter und sein Henker" als Detektivroman

Insgesamt lässt sich festhalten, dass der Kriminalroman die Geschichte des Verbrechens in den Mittelpunkt rückt, der Detektivroman dagegen aber die Aufklärung des Mordes, die Lösung des Rätsels, zum Schwerpunkt hat. Somit lässt sich das Werk „Der Richter und sein Henker" eindeutig als Detektivroman einordnen, da der Roman mit der Entdeckung der Leiche Schmieds beginnt, der Mord also bereits stattgefunden hat. Bärlach nimmt seine Arbeit als Ermittler auf und das Puzzle fügt sich immer mehr zusammen, bis der Leser im vorletzten Kapitel endgültig darüber aufgeklärt wird, wer den Mord begangen hat. Der Roman weist also viele gattungstypische Merkmale auf, auch wenn er darüber hinaus Themen wie die Grenzen zwischen Recht und Unrecht thematisiert und groteske Elemente und symbolhafte Beschreibungen enthält und somit mehr leistet als ein bloßer Detektivroman.

Basil Rathbone als Sherlock Holmes

Die Rolle des Zufalls

Definition

Dem Zufall kommt in vielen von Dürrenmatts Werken eine große Bedeutung zu, so auch in seinem Kriminalroman „Der Richter und sein Henker". Der Duden definiert Zufall als „etwas, was man nicht vorausgesehen hat, was nicht beabsichtigt war, was unerwartet geschah"[1]; der Zufall ist also ein Ereignis, auf das der Mensch keinen Einfluss nehmen kann, er durchkreuzt Pläne und kann das Leben positiv oder negativ beeinflussen.

Zufall als Grundlage der Wette

Der Zufall spielt in dem Roman an verschiedenen Stellen eine tragende Rolle, denn nur durch das Prinzip des Zufalls kommt es zu der Wette zwischen Gastmann und Bärlach, da der Kommissar die These aufstellt, dass der Zufall das perfekte Verbrechen und somit den perfekten Plan unmöglich mache, „daß die menschliche Unvollkommenheit, die Tatsache, daß wir die Handlungsweise anderer nie mit Sicherheit vorauszusagen, und daß wir ferner den Zufall, der in alles hineinspielt, nicht in unsere Überlegung einzubauen vermögen, der Grund sei, der die meisten Verbrechen zwangsläufig zutage fördern müsse" (S. 65, Z. 34–S. 67, Z. 5). Der Zufall beeinflusst demnach das Leben eines jeden Menschen, ohne dass er einen Einfluss darauf hätte. Doch nicht nur Bärlach nutzt den Zufall als Grundlage für seine These im Zusammenhang mit der Wette, auch Gastmann zieht ihn als Begründung heran, da er die Auffassung vertritt, dass gerade der Zufall es ermögliche, unerkannt Verbrechen zu begehen. Letztendlich gelingt es Bärlach nicht, Gastmann mit lauteren Mitteln zu überführen, und so scheint sich Gastmanns These zu bestätigen.

Zufall bestimmt Romanhandlung

Dürrenmatt, der philosophisch sehr interessiert war, hat diesem Prinzip folgend auch die Handlung an sich abhängig gemacht vom Zufall, denn nur zufällig entdeckt Bärlach am Tatort die Revolverkugel, die es ihm ermöglicht, Tschanz eindeutig als Mörder entlarven zu können. Zudem ist es fragwürdig, ob der alte Kommissar Gastmann tatsächlich wie von ihm geplant durch die Ermittlungen Schmieds hätte überführen können. Sein Vorhaben wird

---

[1] www.duden.de/rechtschreibung/Zufall (06.01.14)

von Tschanz, der Schmied tötet, durchkreuzt, ein Zufall, der Bärlach eine neue Möglichkeit eröffnet, seinen Gegner zur Strecke zu bringen, indem er seinen Kollegen so sehr in Verzweiflung stürzt, bis dieser Gastmann tötet, um einen Täter präsentieren zu können.

Dürrenmatts Menschenbild

Insgesamt spiegelt die große Bedeutung des Zufalls im Roman Dürrenmatts Menschenbild wider, denn er geht davon aus, dass nichts in der Welt durchschaubar ist und der Mensch daher sein Leben nicht fest planen und berechnen kann. Er selbst fühlt sich als Autor dazu berufen, in die Undurchschaubarkeit der Welt etwas Licht zu bringen und nach dem Sinn zu suchen, da ein Leben in völliger Sinnlosigkeit unerträglich wäre.

Dürrenmatt und das Groteske

Definition

Das Groteske findet immer wieder Raum in Dürrenmatts Werken, so auch im Roman „Der Richter und sein Henker". Im Gegensatz zur Komik, die eine Form des Welterlebens bedeutet, die der Tragik entgegengesetzt ist und so Lachen bewirkt, wenn zum Beispiel Schein und Sein aufeinandertreffen, ist das Groteske keine „zum Lachen reizende, harmlose Ungereimtheit", sondern „die Darstellung des zugleich Monströs-Grausigen und Komischen, des gesteigert Grauenvollen, das zugleich als lächerlich erscheint"[1]. Dabei wird „scheinbar Unvereinbares miteinander ver[bunden], Seltsam-Abartiges dem Närrisch-Lustigen zugestellt"[2]. Das Groteske regt also nicht nur zum Lachen an, wie es bei der Komik der Fall ist, es wirkt gleichsam grauenvoll und verstörend.

Funktion des grotesken Stils

Dürrenmatt bedient sich immer wieder grotesker Elemente, die jedoch nicht willkürlich verwendet werden,

[1] Wilpert, S. 463
[2] Schweikle, S. 186

sondern ein realistisches Abbild einer komplizierten und unüberschaubaren Welt schaffen sollen, in der es keine klaren Grenzen zwischen Recht und Unrecht gibt. Die moderne Welt ist seiner Ansicht nach unübersichtlich und schnelllebig, was dazu führt, dass z. B. niemand mehr seine eigene Verantwortung eingesteht, sondern diese anderen zuschiebt, sodass es keine individuelle Schuld mehr zu geben scheint. Das Groteske und Paradoxe sind nach Dürrenmatt bestimmende Elemente unseres Seins und so sind die grotesken Momente in seinen Romanen und Stücken unabdingbar für eine realistische Wiedergabe der Realität.

Groteske Elemente im Roman

Die Beerdigungsszene

Im Roman „Der Richter und sein Henker" finden sich immer wieder groteske Elemente, besonders bei der Schilderung der Beerdigung Schmieds, aber auch in der Anlage der Figur Bärlach. Die Beerdigungsszene wird dominiert von einer grotesken Darstellung, da eine große Diskrepanz besteht zwischen dem traurigen Anlass und dem absurden Ablauf der Beisetzung. Es herrscht ein übertrieben starker Regen, der in das Grab strömt (vgl. S. 59), sodass die Musiker sogar aufhören zu spielen, um ihre Instrumente zu schützen. Die Musik, die eigentlich eine feierliche Stimmung schaffen und zur Ehrung des Toten dienen soll, verstummt. Ebenso ist die Trauergemeinde mehr damit beschäftigt, sich vor dem Regen zu schützen, als der Beisetzung zu folgen, so bemerkt zum Beispiel niemand, dass der Pfarrer seine Rede beendet hat (vgl. S. 59, Z. 16). Auch die Beschreibung der Polizisten, „alle mit den gleichen Regenmänteln, mit den gleichen steifen, schwarzen Hüten, die Schirme wie Säbel in den Händen, phantastische Totenwächter, von irgendwo herbeigeblasen, unwirklich in ihrer Biederkeit" (S. 59, Z. 4–8), ist sehr überspitzt und trägt zu einer absurden Atmosphäre bei. Der Höhepunkt der grotesken Szenerie wird erreicht, als Lutz, der scheinbar eine kurze Grabrede halten will, von zwei Männern unterbrochen wird, die betrunken grölend in die Menge torkeln und einen Kranz mit dem Pseudonym des Ermordeten auf die Grabstelle werfen und bei ihrem Verschwinden in ihrer „gigantische[n] Trunkenheit“ (S. 61, Z. 22) sogar Kreuze beschädigen. Der Auftritt der Männer wirkt völlig fehl am Platz und ihr Verhalten geradezu blasphemisch und respektlos. Ihr lauter Gesang und das rüpelhafte Verhalten bilden einen starken Kontrast zu der eigentlichen Stille des Friedhofs. Auch als die Musik wieder einsetzt, kommt keine traurige Stimmung auf, stattdessen flüchten die Anwesenden vor dem Regen, bis nur noch die Totengräber zurückbleiben, „schwarze Vogelscheuchen im Heulen der Winde, im Prasseln der Wolkenbrüche, bemüht, den Sarg endlich abzusenken“ (S. 62, Z. 4–6). Das Beisetzen der Leiche scheint zu einer lästigen Pflicht verkommen zu sein, jegliche Trauer und das Würdevolle und Ehrerbietende, die eigentlich eine Beerdigung kennzeichnen, sind abhandengekommen.

Hauptfigur mit grotesken Zügen

Wie bereits erwähnt gestaltet Dürrenmatt neben der Beschreibung von Ereignissen auch seine Hauptfigur mit grotesken Zügen. Dies wird besonders deutlich, als Bärlach dämonisch und unbarmherzig völlig zügellos die Henkersmahlzeit zu sich nimmt, die selbstzerstörerisch und verstörend wirkt. Immer wieder gibt es hier Anspielungen auf das Teuflische in Bärlach (vgl. z. B. S. 112), als er Tschanz mit allen Zusammenhängen konfrontiert.

Die Wette und die Frage der Schuld

Verbindung Gastmann – Bärlach als Mittelpunkt des Romans

Dürrenmatt selbst sagte einst über seinen Roman, er sei „eigentlich der Endkampf zweier Menschen“[1], und rückt somit die Verbindung zwischen Bärlach und Gastmann in den Mittelpunkt des Romans. Konsequenterweise ist die

[1] Bollinger, Luis/Buchmüller, Ernst (Hrsg.): play Dürrenmatt, S. 27

erste Begegnung der beiden Gegenspieler auch in der Mitte des Buches angesiedelt, der zehn Kapitel vorausgehen und weitere zehn folgen. Da die Wette das zentrale verbindende Element zwischen den beiden ist, ist sie von besonderer Bedeutung für den Roman.

Die Wette

Gastmann und Bärlach begegnen sich am Bosporus in jungen Jahren und schließen betrunken, also im Zustand der Irrationalität, eine Wette, die ihr Leben verändern und bestimmen wird. Grundlage dieser Wette sind zwei gegensätzliche Thesen der beiden: Bärlach behauptet, es sei unmöglich, unbemerkt Verbrechen zu begehen, da das Verhalten von Menschen nicht vorhersehbar und der Zufall ein unberechenbarer Faktor sei, sodass jeder noch so gut durchdachte Plan früher oder später zusammenfalle. Gastmann geht dagegen davon aus, dass es gerade der Zufall ermögliche, Verbrechen zu begehen, ohne dass diese erkannt würden. Entgegen Bärlachs Erwartung setzt Gastmann alles daran, die Wette zu gewinnen, und tötet in Bärlachs Anwesenheit einen Passanten, indem er ihn von einer Brücke stößt. Obwohl Bärlach die Tat selbst beobachtet hat, gelingt es ihm nicht, Gastmann dafür verantwortlich zu machen, und so entwickelt sich eine Jagd, die sich über viele Jahre erstreckt. Bärlach macht es sich zur Lebensaufgabe, Gastmann zur Strecke zu bringen, während dieser „immer kühnere, wildere, blasphemischere Verbrechen" (S. 69, Z. 34f.) begeht.

Unvermögen Bärlachs

So sehr der alte Kommissar sich auch bemüht, es gelingt ihm nicht, Gastmann seine Verbrechen nachzuweisen, somit kann er als Verlierer der Wette bezeichnet werden. Er selbst weiß genau, dass er versagt hat, und sein Unvermögen, Gastmann zu stoppen, setzt ihm schwer zu.

Schuld Bärlachs durch Eingehen auf die Wette

Doch noch viel schwerer als das verlorene Spiel wiegt die Schuld, die er auf sich geladen hat, indem er sich auf die Wette eingelassen hat, da Gastmann dadurch überhaupt erst zum Verbrecher geworden ist und seine Untaten sonst wahrscheinlich nie verübt worden wären. Sein Kontrahent selbst bringt die Mitverantwortung Bärlachs auf den Punkt, wenn er sagt: „Führe uns nicht in Versuchung […] Deine Biederkeit kam nie in Gefahr, versucht zu werden, doch deine Biederkeit versuchte mich." (S. 67, Z. 32–34) Bärlach ist sich dieser Schuld durchaus bewusst und so kann sein schweres Magenleiden als Ausdruck ebendieser gewertet werden.

Bärlachs Verrat der eigenen Überzeugung

Bärlach gibt sich jedoch nicht geschlagen und greift in seiner Verzweiflung zu Mitteln, die seiner eigenen These widersprechen. Da er es nicht schafft, Gastmann mit gut durchgeführter kriminalistischer Arbeit zu stoppen, tut er genau das, was er zuvor als unmöglich deklariert hat: Er operiert „mit Menschen wie mit Schachfiguren" (S. 67, 6f.) und instrumentalisiert Tschanz, indem er ihn emotional so in Verzweiflung stürzt, dass dieser Gastmann schließlich erschießt.

Verwischen der Grenzen zwischen Recht und Unrecht

Bevor Tschanz ihn tötet, kündigt Bärlach Gastmann sogar an, dass er von einem Henker gerichtet werden wird, und erhebt sich selbst zum Richter (vgl. S. 100). Er maßt sich damit eine Funktion an, die ihm nicht zukommt, und macht sich auf diese Weise ein zweites Mal schuldig – eine Schuld, die sogar noch größer ist als die durch die Wette. Bärlach begeht Selbstjustiz, indem er Gastmann durch die Hand von Tschanz tötet, und wird somit selbst zum Verbrecher. Eine klare Linie zwischen Rache und Gerechtigkeit ist nicht mehr zu erkennen. Bärlach scheint von dem Fall Gastmann geradezu besessen.

Wette ohne Sieger

Letztendlich geht keiner der beiden Kontrahenten als Sieger aus der Wette hervor, da Gastmann diese mit seinem Leben bezahlt, während Bärlach von der eigenen Schuld regelrecht zerfressen wird.

Der Roman „Der Richter und sein Henker“ in der Schule

Der Blick auf die Figuren: Die Personencharakterisierung

Eine literarische Figur charakterisieren – Tipps und Techniken

In einer literarischen Charakterisierung analysiert man neben den äußeren Merkmalen besonders die inneren Wesenszüge einer Figur. Auf diesem Wege gelangt man zu einer Gesamtinterpretation der Figur. Informationen über literarische Figuren können auktorial, also durch einen Erzähler, oder figural, also durch andere Figuren, übermittelt werden. Zusätzlich lässt sich zwischen expliziter (oder direkter) und impliziter (oder indirekter) Charakterisierung unterscheiden. Explizit wird eine Figur durch direkte Aussagen über sie charakterisiert, implizit durch die Beschreibung von Verhaltensmustern, Aussagen oder Ähnlichem, die Rückschlüsse auf den Charakter der Figur zulassen. In der Regel finden beide Charakterisierungsweisen in einem Text Anwendung. Die Charakterisierung wird im Präsens verfasst und alle aufgestellten Behauptungen über die Figur müssen am Text belegt werden.

Für die Erarbeitung einer literarischen Charakterisierung können unter anderem folgende Aspekte und Leitfragen von Bedeutung sein:

1. Personalien und sozialer Status

- Was erfahren Sie über Name, Geschlecht, Alter, Familienstand, Bildungsstand, Beruf und Herkunft der Figur?

- Welche äußeren Merkmale oder Besonderheiten werden genannt?
- Wie sehen die Lebensverhältnisse und das soziale Umfeld aus?
- Welche Informationen erhalten Sie bezüglich vergangener Erlebnisse (Vorgeschichte)?

2. Wesentliche Charaktereigenschaften

- Welche typischen Verhaltensweisen oder Gewohnheiten besitzt die Figur?
- Welche Charaktereigenschaften oder Wesensmerkmale sind auffällig?
- Wovon ist das Leben der Figur geprägt?
- Wovon ist das Selbstverständnis der Figur geprägt (Selbstwahrnehmung)?
- Welches Menschen- und/oder Weltbild besitzt die Figur?
- Lassen sich Veränderungen erkennen (äußere Merkmale, charakterliche Entwicklung)?
- Wie ist die Einschätzung der anderen Figuren (Fremdwahrnehmung)?
- Welcher Art sind die Beziehungen, die die Figur pflegt?

3. Sprachgebrauch und Sprachverhalten

- Wie lässt sich der Sprachgebrauch der Figur beschreiben (Sprachebene, Sprachstil, Wortschatz, Satzbau etc.)?
- Wie ist das verbale und nonverbale Verhalten der Figur?
- Verfolgt die Figur gewisse Gesprächsstrategien?

4. Zusammenfassende Bewertung

- Welche Rolle kommt der Figur in der Romanhandlung zu?
- Welche Gesamtdeutung ergibt sich aus der Analyse?
- Wie schätzen Sie die Figur und ihre Einstellungen ein?

Die folgenden Kurzcharakterisierungen der Figuren des Romans können dabei Ideengeber bzw. Leitfaden für die eigene, detailliertere Gestaltung einer Figurencharakterisierung sein.

Kommissar Bärlach – die zentrale Figur

Martin Ritt in der Rolle des Hans Bärlach in der Verfilmung von Maximilian Schell (1976)

1. Personalien und sozialer Status

Der über sechzigjährige (vgl. S. 10, Z. 5) Kommissar Bärlach arbeitet seit langer Zeit als Polizeibeamter und hat sich auch im Ausland, in Konstantinopel und Deutschland (vgl. S. 8), „als bekannter Kriminalist hervorgetan" (S. 8, Z. 2f.); er ist demzufolge ein erfolgreicher Beamter, der nach der langen Zeit im Ausland seit 1933 für die Polizei in Bern, seiner Heimatstadt, tätig ist (vgl. S. 8). Bärlach lebt allein in seinem Haus und wirkt auf den ersten Blick skurril und unkonventionell, da er scheinbar alle Regeln der guten Polizeiarbeit missachtet, als er mit dem Fall Schmied betraut wird, der für ihn persönlich von großer Bedeutung ist, weil dieser Fall eng mit seiner eigenen Lebensgeschichte verknüpft ist (s. u.).

2. Wesentliche Charaktereigenschaften

Die Figur Bärlach weist sehr unterschiedliche Charakterzüge auf und ist von allen handelnden Personen die, die am detailliertesten gezeichnet ist. Seine Vorliebe für gutes Essen (vgl. z. B. S. 78), Alkohol und das Rauchen lassen erkennen, dass er ein Genussmensch ist. Schnell wird jedoch deutlich, dass Bärlach weit mehr ausmacht. Dürrenmatt hat ihn mit vielen Eigenschaften versehen, die ihn insgesamt als starke Persönlichkeit auszeichnen, hat Bärlach

2.1 Bärlach als starke Persönlichkeit

einst doch sogar „einem hohen Beamten der damaligen neuen deutschen Regierung“ (S. 8, Z. 7f.) eine Ohrfeige gegeben und sich somit gegen Hitlers Regime aufgelehnt, was ihn zu einer Rückkehr in die Schweiz veranlasst hat (vgl. S. 8). Zudem tritt Bärlach sehr selbstbewusst und sicher auf und schreckt auch nicht davor zurück, seinem Vorgesetzten Lutz, den er nur wenig respektiert, die Stirn zu bieten (vgl. z.B. S. 13).

2.2 Wette mit Gastmann als lebensbestimmende Konstante

Bärlachs Leben wird jedoch von dem Zusammentreffen mit einem Mann am Bosporus, der im Fall Schmied unter dem falschen Namen Gastmann unter Verdacht gerät, bestimmt (vgl. z.B. S. 65). Die beiden Männer sind in jungen Jahre eine Wette mit weitreichenden Folgen eingegangen: Gastmann hat behauptet, es sei möglich, ein Verbrechen zu begehen, ohne dessen überführt zu werden, während Bärlach die Überzeugung vertreten hat, dass man das menschliche Handeln nie voraussagen könne und durch den Zufall fast jedes Verbrechen aufgeklärt werde, da „es unmöglich sei, mit Menschen wie mit Schachfiguren zu operieren“ (S. 67, Z. 6f.). Diese unter Alkoholeinfluss geschlossene Wette bestimmt von nun an das Leben beider, da Gastmann tatsächlich versucht, seine These zu beweisen; Bärlach ist von jeher dazu angehalten, Gastmann der schrecklichen Verbrechen zu überführen, die er begeht, und hetzt ihm hinterher wie „der Jäger […] [dem] Wild“ (S. 108, Z. 33f.), bis ihn „[n]ur *ein* Gedanke […] jahrelang beherrscht; [seinen Feind zu] vernichten“ (S. 109, Z. 13f.).

2.3 Krankheit als Ausdruck der Schuld

Wie stark der Bund mit Gastmann Bärlachs Leben dominiert, wird an vielen Stellen deutlich. Zum einen sei auf seine Krankheit hingewiesen, ein Magenleiden, das ihn nur noch ein Jahr leben lässt und als Ausdruck seiner Schuld gewertet werden kann, die ihm buchstäblich auf den Magen schlägt und ihn innerlich zerreißt und verbrennt. Indem er die Wette mit Gastmann eingegangen ist, hat er sich schuldig gemacht, da er seinen Kontrahenten damit zu den Verbrechen provoziert beziehungsweise indirekt angestiftet hat (vgl. S. 67) und somit für die Opfer Gastmanns mitverantwortlich ist. Diese Tatsache lastet so schwer auf seinen Schultern, dass er auch nach dem Tod seines Gegenspielers nicht zur Ruhe kommt (vgl. S. 109).

Zum anderen ist an seinem Vorgehen im Fall Schmied eindeutig abzulesen, wie sehr ihn das Bestreben, Gastmann endlich zu überführen, in seinem Denken und Handeln bestimmt. Bärlach ist schließlich jedes Mittel recht, um die ihm verbleibende Lebenszeit dafür zu nutzen, seinen Gegner auszuschalten, und so verhält er sich, nachdem Schmied, der Gastmann überführen sollte, getötet worden ist, ausgerechnet so, wie es seiner eigenen These zufolge nicht möglich ist: Er operiert mit Menschen wie mit Schachfiguren. In diesem Zusammenhang wird Bärlachs Intelligenz deutlich, da er sehr taktisch und berechnend agiert. Geschickt nutzt er Tschanz für seine Zwecke, enthält ihm Informationen vor, wenn er ihn zum Beispiel nicht wissen lässt, dass er nicht mehr im Besitz der Mappe ist, die er zuvor aus dem Zimmer Schmieds sichergestellt hat, und platziert gleichzeitig geschickt Informationen, die seinen jungen Kollegen in starke Bedrängnis bringen, da dieser ahnen muss, dass er selbst als Täter überführt werden könnte. Bärlach geht bereits zu Beginn der Ermittlungen davon aus, dass Tschanz der wahre Mörder Schmieds ist, und fordert ihn bewusst als Hilfe an (vgl. S. 15) und instrumentalisiert ihn. Um sicherzugehen, dass Tschanz tatsächlich der Täter ist, stellt er ihm ausgeklügelte Fallen (vgl. z. B. S. 113) und treibt ihn dann so sehr in die Verzweiflung, bis er ein zweites Mal zum Mörder wird und Gastmann tötet (vgl. Kapitel 18).

2.4 Bärlachs Taktik und Berechnung

Bärlach wird ein weiteres Mal schuldig, da er sich anmaßt, über das Leben eines Menschen zu entscheiden und Gastmann zu richten, wie er es selbst formuliert (vgl. S. 100), und somit Gerechtigkeit und Rache vermischt. Auch wenn

2.5 Bärlachs Verlangen nach Rache

er weiß, welche Verbrechen sein Gegenspieler begangen hat, so liegt es nicht in seinem Ermessen, diesen zum Tode zu verurteilen. Er ist so sehr davon besessen, Gastmann zu besiegen und ihn auszuschalten, dass er darüber das Gesetz vergisst. Schon lange geht es ihm nicht mehr nur um die Einhaltung der Gesetze, demnach handelt er nicht nur im Sinne der Gerechtigkeit, denn der „Kater, der gern Mäuse frißt“ (S. 21, Z. 15), giert ebenso nach Genugtuung und persönlichem Triumph, den er letztendlich jedoch nicht genießen kann, da er sich seiner Schuld bewusst ist.

3. Sprachgebrauch und Sprachverhalten

Die Gesprächsführung des Kommissars entspricht seinem selbstbewussten Charakter; er spricht aus, was er denkt, und wirkt in Gesprächen mit Lutz und Tschanz überlegen. Zudem ist ihm eine gewisse Eloquenz zuzusprechen, da er dem Schriftsteller einen ebenbürtigen Gesprächspartner bietet (vgl. Kapitel 13). In dem langen Gespräch mit Gastmann (vgl. Kapitel 11) zeigt sich jedoch ein anderes Bild: Bärlach hat weitaus weniger Sprechanteile als sein Gesprächspartner und wirkt insgesamt verzweifelt und unterlegen. Diesem Sprechverhalten folgend triumphiert er letztendlich auch über Tschanz, indem er ihn für seine Zwecke missbraucht, scheitert aber an Gastmann, da es ihm nicht gelingt, diesen mit lauteren Mitteln zu stellen.

4. Zusammenfassende Bewertung

Insgesamt ist Bärlach trotz des selbstbewussten Auftretens und all seiner Fähigkeiten ein gebrochener Mann, der sich seiner Schuld durchaus bewusst ist und somit auch nach dem Tod Gastmanns nicht als Sieger der Wette benannt werden kann, da er selbst zu viel Unrecht getan hat.

Gastmann – der Gegenspieler Bärlachs

1. Personalien und sozialer Status

Gastmann, dessen wahren Namen der Leser nicht erfährt, bleibt als Figur insgesamt sehr schemenhaft und ungenau, da nur wenig über ihn bekannt ist; das, was von ihm bekannt ist, entspricht vielfach nicht der Wahrheit, sondern

Gastmann und von Schwendi (Verfilmung von Maximilian Schell, 1975)

ist bewusst von ihm inszeniert worden. Mit Sicherheit kann gesagt werden, dass er ein sehr wohlhabender Mann mit hohem gesellschaftlichem Ansehen ist (vgl. z. B. S. 52 f.) und ebenso wie Bärlach gebürtig aus der Schweiz stammt, dann viele Jahre im Ausland verbracht hat und nun umgeben von Bediensteten in einem gehobenen Anwesen in Lamboing wohnt, wo er hochkarätige Gäste zu Abendgesellschaften empfängt, die zu Zwecken von Verhandlungen Industrieller mit einer „gewisse[n] fremde[n] Macht"[1] (S. 53, Z. 2 f.) stattfinden.

Als Gastmann ins Visier der Ermittler gerät und er des Mordes an Schmied verdächtigt wird, sorgt von Schwendi, sein Anwalt, dafür, dass gegen ihn nicht weiter ermittelt wird, was seinen großen Einfluss unterstreicht. Untersuchungsrichter Lutz referiert Bärlach zudem Gastmanns angeblichen Lebenslauf, der jedoch keine verlässlichen Infor-

[1] Es ist davon auszugehen, dass diese Macht China ist.

mationen liefert, sondern vielmehr nur das von Gastmann selbst geschaffene Bild seiner falschen Identität weiter ausschmückt und mehr als fragwürdig scheint. Der Lebenslauf rückt Gastmann jedoch in ein sehr gutes Licht, sodass Lutz dem Schwindel erliegt und feststellt, dass „[s]eine Persönlichkeit […] über jedem Verdacht“ (S. 74, Z. 21) steht.

2. Wesentliche Charaktereigenschaften

2.1 Nihilist

Auch aus der Perspektive des Schriftstellers erfährt der Leser etwas über Gastmann, welchen er als Nihilisten bezeichnet (vgl. S. 82). Gastmann, der Nihilist, ist dem Schriftsteller zufolge „ein schlechter Mensch“ (S. 80, Z. 34) und „zu jedem Verbrechen fähig“ (S. 81, Z. 28), da er „das Gute ebenso aus einer Laune, aus einem Einfall tut wie das Schlechte“ (S. 82, Z. 12f.); dabei seien seine bösen Taten nicht Teil eines Plans oder Mittel zum Zweck, vielmehr entscheide bei ihm der Zufall, ob er gut oder böse handle (vgl. S. 82), denn Gastmann folge nur einem Prinzip: „der Freiheit des Nichts“ (S. 83, Z. 4f.). Eine Orientierung an moralischen Prinzipien und Normen und Werten findet demzufolge nicht statt und Gastmann handelt völlig losgelöst von allen Regeln, was ihn als Nihilisten auszeichnet.

2.2 Verbrecher

Über die Charakterisierung Gastmanns durch andere Figuren hinaus werden weitere Eigenschaften und Zusammenhänge in dem Gespräch in Bärlachs Haus deutlich. Vor über 40 Jahren sind die beiden jungen Männer die fatale Wette eingegangen, die Gastmann zu dem gemacht hat, was er ist: ein Verbrecher, der „immer kühnere, wildere, blasphemischere Verbrechen“ (S. 69, Z. 34f.) begangen hat, um seine Position zu beweisen und als Sieger der Wette hervorzugehen. Das Zusammentreffen mit Bärlach am Bosporus bestimmt also auch sein Leben, da er seinen alten Gegenspieler immer wieder aufs Äußerste reizen will, um seine Überlegenheit zu demonstrieren.

2.3 Intelligenz

Weiterhin kann Gastmann eine hohe Intelligenz und Berechnung nicht abgesprochen werden, da er schon lange darüber informiert war, dass Bärlach ihm durch Schmied nachspioniert hat (vgl. S. 64). Zudem weiß er bereits vor Bärlach selbst, dass dieser nur noch ein Jahr zu leben hat (vgl. S. 65).

Gastmann ist eine Person, die sehr imposant und selbstsicher auftritt, was sich auch in seiner Gesprächsführung widerspiegelt. Als er Bärlach in dessen Haus erwartet, dominiert er das Gespräch und hat viel höhere Sprechanteile als der alte Kommissar. Er sieht sich eindeutig als überlegen in dem gemeinsamen Spiel und geht davon aus, Bärlach zu besiegen. Wie selbstverständlich klärt er seinen Kontrahenten darüber auf, dass er ihn „nächste[s] Mal […] töten" (S. 100, Z. 14) werde. Anders als Bärlach leidet er nicht unter den Folgen der Wette, sondern genießt das Spiel und wirkt gegen den von Krankheit gezeichneten Polizisten geradezu vital.

3. Sprachgebrauch und Sprachverhalten

Gastmann ist der Gegenspieler Bärlachs, deren beider Schicksale und Lebensläufe voneinander abhängig sind. Am Ende wird Gastmann jedoch durch Bärlach gerichtet und von Tschanz getötet, sodass weder er noch Bärlach als Sieger aus ihrem langjährigen fatalen Spiel hervorgehen.

4. Zusammenfassende Bewertung

Tschanz – der Mörder aus Ehrgeiz

Der junge Polizist Tschanz wird von Bärlach als Gehilfe im Mordfall Schmied angefordert und versucht verzweifelt, mit allen Mitteln einen Täter zu überführen, da er in Wahrheit selbst den Mord begangen hat. Tschanz hat anders als Schmied und Bärlach nicht das Gymnasium besucht und erfüllt bei der Polizei lediglich eine einfache Stellung, was ihn frustriert.

1. Personalien und sozialer Status

Tschanz ermordet seinen Kollegen Schmied aus Eifersucht und überzogenem Ehrgeiz, da dieser all das erreicht hat, was er selbst sich wünscht, auf rechtem Weg aber nicht zu realisieren weiß. Er scheint geradezu davon besessen zu sein, Schmieds Leben zu führen, denn nach seinem Tod

2. Wesentliche Charaktereigenschaften

2.1 Eifersucht und übersteigerter Ehrgeiz

kauft er nicht nur dessen Auto (vgl. S. 75), sondern nimmt auch eine Beziehung zu Anna, der Verlobten des Verstorbenen, auf und bitte diese, ihn zu heiraten (vgl. S. 102). Auch sein Kleidungsstil ähnelt stark dem Schmieds, sodass Bärlach beim ersten Zusammentreffen im ersten Moment glaubt, „der tote Schmied komme zu ihm“ (S. 18, Z. 16). Zudem neidet er Schmied seine Stellung und fühlt sich selbst zurückgesetzt (vgl. S. 86). Missgünstig teilt er Bärlach mit, Schmied werde besser als er behandelt, „weil er bessere Schulen hatte!“ (S. 86, Z. 21).

2.2 Mörder

Als er schließlich, von Neid zerfressen, durch einen Zufall von Schmieds Ermittlungen gegen Gastmann erfährt, entscheidet er, ihn zu töten, um „den Fall zu übernehmen [...], um einmal selber Erfolg zu haben“ (S. 114, Z. 5f.). Er will also die Chance ergreifen und sich selbst an dem Fall, zu dem der andere bereits differenzierte Ermittlungen angestellt hat, profilieren. Der Mord Schmieds bietet ihm die Möglichkeit, seine Ziele zu erreichen und dessen Leben zu

Tschanz und Anna (Verfilmung von Maximilian Schell, 1975)

führen, weshalb der von Dürrenmatt gewählte Name, der ausgesprochen wie „Chance" klingt, durchaus wörtlich zu verstehen ist. Tschanz handelt also eindeutig aus niederen Beweggründen und wird deshalb von Bärlach verachtet.

Neben Bärlach zeigt auch der Schriftsteller offen seine Verachtung für Tschanz, da er ihn als tölpelhaft wahrnimmt, weshalb das Gespräch eigentlich nur zwischen Bärlach und ihm stattfindet, während Tschanz wütend erleben muss, dass er übergangen wird und ihm von Bärlach „übertriebene[r] Eifer" (S. 81, Z. 13) unterstellt wird. Dass Tschanz sich mit Bärlach und dem Schriftsteller nicht auf einer Ebene befindet, wird zudem daran ersichtlich, dass der Autor zur Verabschiedung nur dem alten Kommissar die Hand reicht (vgl. S. 83). 2.3 Unterlegenheit

Tschanz wirkt oft gehetzt und unruhig, übereifrig und fahrig, was damit zu begründen ist, dass er unbedingt einen anderen Täter finden muss, um sich selbst zu schützen. Durch Bärlachs Verhalten in dem Fall gerät er immer mehr in Bedrängnis und verzweifelt zunehmend, weshalb er auch in Bärlachs Haus eindringt, um die Mappe Schmieds zu entwenden. Anders als Gastmann ist er Bärlach jedoch unterlegen, da dieser ihm immer einige Schritte voraus ist und ihn schließlich instrumentalisieren kann, sodass er letztendlich aus Verzweiflung Gastmann tötet (vgl. Kapitel 18). 2.4 Instrumentalisierung

Zunächst scheint er sein Ziel erreicht zu haben, denn Gastmann wird offiziell für den Mord an Schmied verantwortlich gemacht und Tschanz soll befördert werden (vgl. S. 108). Sein Triumph ist jedoch nur von kurzer Dauer, da Bärlach ihm schließlich eröffnet, dass er die wahren Umstände kennt (vgl. Kapitel 20). 2.5 Versagen

Seine Verzweiflung und Unterlegenheit werden auch in seiner Sprache deutlich, die oft von Emotionen geprägt ist (vgl. z. B. S. 85). Zudem duzt Bärlach ihn, seitdem Tschanz ihm vermeintlich das Leben gerettet hat, da er von diesem Zeitpunkt an mit Sicherheit weiß, dass Tschanz Schmied 3. Sprachgebrauch und Sprachverhalten ermordet hat, während Tschanz den alten Kommissar weiterhin mit einem höflichen „Sie" anspricht (vgl. S. 43).

4. Zusammenfassende Bewertung

Insgesamt ist Tschanz ein von Eifersucht zerfressener Mann, dem sein falscher Ehrgeiz zum Verhängnis wird. Als er erfährt, dass Bärlach alle Zusammenhänge kennt und ihn für seine Zwecke benutzt hat, begeht er Selbstmord.

Untersuchungsrichter Dr. Lucius Lutz – Bärlachs einfältiger Vorgesetzter

1. Personalien und sozialer Status

Dr. Lucius Lutz ist ein Mann von hoher Stellung, denn er ist Leiter der Berner Polizei und gibt „auf der Universität [Vorlesungen] über Kriminalistik" (S. 8, Z. 24). Zudem stammt er aus einer gut situierten Familie (vgl. S. 8) und scheint ein Mann von Welt zu sein, da er erst „eben von einem Besuch der New Yorker und Chicagoer Polizei nach Bern zurückgekehrt" (S. 8, Z. 26 ff.) ist.

2. Wesentliche Charaktereigenschaften

Schnell wird jedoch deutlich, dass der Schein trügt und Lutz keineswegs ein Mann der Bildung ist. Die Figur ist so angelegt, dass sie einen Kontrast zu Bärlach darstellt. Bereits bei der ersten Unterredung der beiden werden die Unterschiede deutlich, wenn Lutz „den vorweltlichen Stand der Verbrecherabwehr der schweizerischen Bundeshauptstadt" (S. 8, Z. 28 ff.) kritisiert, während Bärlach eher alte und unkonventionelle Ermittlungsmethoden vorzieht.

2.1 Berufliche Unzulänglichkeit

Dennoch betraut Lutz den alten Kommissar mit den Ermittlungen im Mordfall Schmied und in Gesprächen wird immer wieder deutlich, dass seine hohe kriminalistische Kompetenz nur vorgegaukelt ist, da er zwar gerne Kritik an der Arbeit der hiesigen Polizei übt, jedoch nie selbst tätig wird (vgl. z. B. S. 14), weshalb Bärlach ihm konsequent nicht den Respekt zollt, der einem Vorgesetzten eigentlich gebührt, wenn er zum Beispiel ohne zu klopfen sein Büro betritt (vgl. S. 56) oder Lutz verärgert, indem er dort raucht (vgl. S. 13).

Lutz mangelt es nicht nur an Kompetenz, er ist Bärlach auch in anderen Bereichen unterlegen. Dies wird beispielsweise daran ersichtlich, dass er sich von von Schwendi, Gastmanns Anwalt, schnell einschüchtern lässt und zustimmt, alle Ermittlungen gegen dessen Mandanten zu unterbinden (vgl. S. 48f.). Auch wenn von Schwendi und Lutz derselben Partei angehören, so zeigt sich Lutz dennoch demütig und eingeschüchtert (vgl. z.B. S. 46) und erfährt wenig Respekt durch seinen Parteigenossen. Auch weiß Lutz nicht, dass Schmied unter dem Namen Doktor Prantl im Hause Gastmanns zu Besuch war (vgl. S. 47), was seine Unzulänglichkeit noch weiter unterstreicht.

2.2 Unterlegenheit

Doch nicht nur von Schwendi schüchtert ihn ein, auch Bärlach gegenüber zeigt er sich wenig selbstbewusst, weshalb er es lange aufschiebt, ihn über die mit von Schwendi geschlossene Vereinbarung zu unterrichten, und die Konfrontation immer wieder umgeht (vgl. z.B. S. 56).

2.3 Unsicherheit

Lutz lässt sich von der gehobenen Stellung und dem falschen Lebenslauf Gastmanns so sehr beeindrucken, dass er naiv davon ausgeht, dass „[s]eine Persönlichkeit [...] über jedem Verdacht" (S. 74, Z. 21) steht. Zudem durchschaut er nicht, was um ihn herum geschieht, und er geht am Ende ganz selbstverständlich davon aus, dass Tschanz Gastmann aus Notwehr erschossen und den Fall aufgeklärt hat, weshalb er befördert werden soll (vgl. S. 108).

2.4 Falsche Schlüsse

In Unterredungen mit Bärlach und von Schwendi zeigt er sich eingeschüchtert und unterwürfig und redet – wenn überhaupt – über Belangloses, sodass der Eindruck entsteht, dass er nicht wirklich etwas zu sagen hat.

3. Sprachgebrauch und Sprachverhalten

Seine Naivität, das mangelnde Selbstbewusstsein und seine fehlende Kompetenz lassen insgesamt darauf schließen, dass der Vorname der Figur, Lucius[1], als karikierendes Ele-

4. Zusammenfassende Bewertung

[1] Der Name Lucius entstammt einer Ableitung des lateinischen Wortes lux, im Deutschen Licht, was häufig mit Intelligenz und Aufgeklärtheit in Verbindung gebracht wird.

ment gedacht ist, da der Untersuchungsrichter alles andere als ein leuchtendes Vorbild ist. Während Bärlach mit Weitsicht agiert und scharf kombiniert, gelingt es Lutz nicht, die Einzelteile zu einem Gesamtbild zusammenzufügen, und von dem anfänglichen guten Eindruck bleibt am Ende nur die Karikatur eines hohen Polizeibeamten.

Der Schriftsteller – ein Wächter der Gesellschaft

1. Personalien und sozialer Status

Der Schriftsteller, der Gastmanns Gesellschaften beiwohnt und deshalb von Bärlach und Tschanz befragt wird, wohnt in einem Haus mit Kind und Hund und empfängt die Ermittler in seinem Arbeitszimmer, das von Papieren und Büchern übersät ist. Er selbst sitzt so positioniert, dass sein Gesicht aufgrund der Lichtverhältnisse und des Zigarettenrauchs nicht zu erkennen ist, sodass er insgesamt eine geheimnisvolle Person bleibt.

Friedrich Dürrenmatt in der Rolle des Schriftstellers (Verfilmung von Maximilian Schell, 1975)

Die Figur erfüllt zwei bedeutende Rollen im Roman: Zum einen klärt sie den Leser über die Aufgabe und Funktion von Schriftstellern auf, wobei diese Auffassung als Dürrenmatts eigene verstanden werden darf, da die Wohnverhältnisse der fiktiven Figur sehr seinen eigenen ähneln und somit davon ausgegangen werden kann, dass Dürrenmatt an dieser Stelle gewissermaßen selbst in Erscheinung tritt. Im Gespräch mit Bärlach und Tschanz erklärt der Schriftsteller sein Interesse an Gastmann damit, dass es „*sein* Beruf [sei], den Menschen auf die Finger zu sehen" (S. 81, Z. 8f.). Er versteht sich selbst als „eine Art Polizist" (S. 81, Z. 6) und übernimmt damit eine bedeutsame gesellschaftliche Position, da es demnach seine Aufgabe ist, Missstände vor Augen zu führen und mahnend den Finger zu heben.

2. Wesentliche Charaktereigenschaften

2.1 Aufzeigen der Aufgaben des Schriftstellers

Zum anderen erläutert der Schriftsteller den Charakter Gastmanns näher, wenn er ihn als Nihilisten beschreibt, der keinen Regeln folgt, sondern nur nach „der Freiheit des Nichts" (S. 83, Z. 4f.) lebt und sein Handeln dem Zufall überlässt. Er selbst sei fasziniert von dieser Tatsache (vgl. S. 82) und wolle sich ein Bild von solch einem Menschen machen. Dennoch stellt er klar, dass Gastmann als Mörder Schmieds nicht infrage kommt (vgl. S. 81), was Tschanz in noch größere Bedrängnis bringt.

2.2 Einschätzung Gastmanns

Der Schriftsteller, dessen Name nicht genannt wird, ist ein gebildeter Mensch, der gerne redet und seine Gesprächspartner nach Gefallen auswählt (vgl. S. 78). Er mag die Kochkunst und ist enttäuscht darüber, nicht als Täter in Betracht gezogen zu werden, da die Schriftsteller seiner Meinung nach „in der Schweiz aufs traurigste unterschätzt" (S. 77, Z. 7f.) werden.

3. Sprachgebrauch und Sprachverhalten

Insgesamt zeigt sich der Schriftsteller als selbstbewusste Persönlichkeit, die es versteht, sich und ihre Mitmenschen genau zu beobachten und zu analysieren.

4. Zusammenfassende Bewertung

Der Blick auf den Text: Die Analyse eines Romanausschnitts

Einen Romanausschnitt analysieren – Tipps und Techniken

Einen Romanausschnitt kann man – je nach Aufgabenstellung – entweder *linear,* das heißt, man folgt Schritt für Schritt den einzelnen Abschnitten des Aufgabentexts, oder *aspektgeleitet* analysieren, das heißt, man konzentriert sich auf bestimmte Aspekte des Abschnitts.

Bei der **Linearanalyse** werden die einzelnen Abschnitte des Romanauszugs nacheinander genau untersucht und analysiert, sodass man zu sehr detaillierten Textbeobachtungen kommt. Allerdings kann man bei einer so kleinschrittigen Vorgehensweise übergeordnete Aspekte leicht aus den Augen verlieren.

Um einen Romanausschnitt **aspektgeleitet** zu analysieren, muss er vor dem Hintergrund eines festgelegten Deutungsschwerpunkts (es können eventuell auch mehrere Schwerpunkte in Betracht kommen) gelesen werden, das heißt, andere Aspekte treten dann in den Hintergrund.

Aufbauschema:

1. **Einleitung:**
   - Basissatz: Autor(in), Titel, Textsorte, Erscheinungsjahr des Textes
   - Ort, Zeit und Figuren des Ausschnitts
   - kurze Inhaltsangabe

2. **Einordnung des Ausschnitts in den Roman:**
   Was geschieht vorher, was nachher?

Linearanalyse

3. **Aufbau des Romanausschnitts:**
   - Auflistung der Textabschnitte

4. **Beschreibung und Deutung der aufgelisteten Textabschnitte:**
   - Aussagen zum Inhalt des jeweiligen Abschnitts

aspektgeleitete Analyse

3. **Untersuchungsschwerpunkte:**
   - Auflistung der ausgewählten Untersuchungsaspekte

4. **Beschreibung und Deutung ausgewählter Aspekte:**
   - Benennen des jeweiligen Aspekts

- Aussagen zur Deutung, Einbettung in den Romanzusammenhang
- Einbezug der Gestaltungsmittel

5. **Schluss:**
   - Zusammenfassung der Ergebnisse
   - Einordnung in einen größeren Deutungszusammenhang
   - Bewertung

Übungsvorschlag:
Erstellen Sie zuerst jeweils eine eigene Lösung und vergleichen Sie diese dann mit den unten angeführten Vorschlägen. Überprüfen Sie: An welcher Stelle erscheint Ihre eigene Lösung schlüssiger? Welche zusätzlichen Anregungen und Einsichten können Sie den Beispieltexten entnehmen?

Beispielanalyse: zweites Kapitel, S. 13, Z. 10 – S. 15, Z. 24 (linear)

Aufgabe: Analysieren (beschreiben und deuten) Sie den vorliegenden Textauszug aus dem Roman „Der Richter und sein Henker" von Friedrich Dürrenmatt.

Einleitung

Der vorliegende Textauszug stammt aus dem zweiten Kapitel des 1950 verfassten Romans „Der Richter und sein Henker" von Friedrich Dürrenmatt. Der Kern der Handlung, die vordergründig als Kriminalgeschichte in Bern angelegt ist, thematisiert die Grenze zwischen der Ausübung von Gerechtigkeit und Rache am Beispiel Kommissar Bärlachs, der sich zum Richter über einen von ihm über lange Zeit gejagten Verbrecher erhebt.

Kurze Inhaltsangabe

Bärlach wird mit der Aufklärung eines Mordes an einem Polizisten, Schmied, betraut. Es stellt sich jedoch heraus, dass er den Mörder bereits kennt und diesen nun für seine eigenen Zwecke nutzt, da er seinen Assistenten Tschanz, der Schmied aus Eifersucht und falschem Ehrgeiz getötet hat, so sehr in die Enge treibt, bis er verzweifelt Gastmann tötet, der letztendlich für den Mord an Schmied verantwortlich gemacht wird. Tschanz weiß nichts von der Verbindung zwischen Bärlach und Gastmann, die einst eine fatale Wette geschlossen haben, deren Resultat ist, dass Gastmann blutrünstige Verbrechen begeht und damit Bärlachs Unfähigkeit offenlegt, ihm diese nachzuweisen. Von Krankheit gezeichnet, instrumentalisiert Bärlach Tschanz und macht ihn zum Henker Gastmanns, da Tschanz diesen erschießt.

Einordnung des Ausschnitts in den Roman

Der zu analysierende Ausschnitt aus dem zweiten Kapitel beinhaltet eine Unterredung zwischen Kommissar Bärlach und seinem Vorgesetzten, Untersuchungsrichter Dr. Lucius Lutz. Zuvor ist in einem Auto die Leiche des Polizeibeamten Schmied gefunden worden, der Bärlachs Untergebener war. Bärlach wird mit diesem Mordfall betraut und sucht die Wohnung des Verstorbenen auf, wo er eine Mappe mit Dokumenten an sich nimmt. Den Tod Schmieds hält er zunächst geheim (vgl. S. 8, Z. 15–17) und scheint insgesamt eher unkonventionelle Untersuchungsmethoden zu verfolgen. Nachdem er die sichergestellten Dokumente studiert hat, kehrt er in sein Büro zurück und verschließt diese.

Aufbau des Romanausschnitts

Der zu diesem Zeitpunkt einsetzende Ausschnitt lässt sich in vier Sinnabschnitte gliedern. Zunächst erfährt der Leser, bevor das eigentliche Gespräch stattfindet, etwas über das Machtgefüge zwischen Bärlach und Dr. Lucius Lutz, das nicht den sozialen Rollen entspricht (vgl. S. 13, Z. 10–22). Daran schließt sich die Unterredung mit Lutz an, in der dieser auf die Dringlichkeit des Falls hinweist und sich über die veralteten Arbeitstechniken der Berner Polizei auslässt, während Bärlach erklärt, er habe bereits einen Verdächtigen (vgl. S. 13, Z. 23–S. 15, Z. 2). Anschließend bittet der Kommissar seinen Vorgesetzten aus gesundheitlichen Gründen um einen Stellvertreter in dem Fall (vgl. S. 15, Z. 3–17) und abschließend wird noch einmal das Ungleichgewicht im Machtverhältnis vor Augen geführt (vgl. S. 15, Z. 18–24).

Deutung der Textabschnitte

I. Abschnitt

Der erste Sinnabschnitt beginnt damit, dass Bärlach sich nur widerwillig zu dem Gespräch mit Lutz begibt (vgl. S. 13, Z. 10f.), ohne jedoch die Mappe mit den Dokumenten mitzunehmen, was zeigt, dass er seinem Vorgesetzten keinen richtigen Einblick in seine Arbeit geben will. Stattdessen zündet er sich eine Zigarre an, bevor er das Büro des Untersuchungsrichters betritt, obwohl er genau weiß, dass dieser sich über dieses Benehmen ärgern wird (vgl. S. 13, Z. 13–16). Das Machtgefüge zwischen Bärlach und Lutz entspricht nicht den sozialen Rollen, was auch an der Aussage deutlich wird, dass Lutz „[n]ur einmal vor Jahren […] eine Bemerkung gewagt“ (S. 13, Z. 16f.) hat, die Bärlach allerdings mit einer „verächtlichen Handbewegung“ (S. 13, Z. 17f.) abgetan hat, da er sogar in Konstantinopel vor seinen Vorgesetzten geraucht habe (vgl. S. 13, Z. 20f.). Das Wort „verächtlich“ zeigt an dieser Stelle eindeutig auf, wie wenig Respekt Bärlach Lutz entgegenbringt und dass der Kommissar seinem Vorgesetzten überlegen ist.

II. Abschnitt

In dem sich anschließenden Gespräch im zweiten Textabschnitt wird dieser Eindruck noch weiter ausgebaut. Lutz ist „nervös, da seiner Meinung nach noch nichts unternommen worden war“ (S. 13, Z. 23f.), erweckt aber selbst den Anschein, nur darauf zu warten, dass andere aktiv werden; er selbst scheint keine tragende Rolle in der Aufklärung des Mordes zu spielen. Auch wenn die Wände seines Büros mit Bildern dekoriert sind, die Soldaten zeigen (vgl. S. 14, Z. 1ff.) und somit eigentlich Stärke suggerieren, wirkt Lutz selbst eher passiv. Er gibt keine Anweisungen zu einer sinnvollen Weiterarbeit, stattdessen beklagt er, „wie sehr die Kriminalistik in diesem Lande noch in den Kinderschuhen steckt“ (S. 14, Z. 7f.), und kritisiert das Vorgehen der Polizei in dem Mordfall Schmied, denn diese „wirft ein so schreckliches Licht auf die berufliche Fähigkeit unserer Dorfpolizei, daß ich noch jetzt erschüttert bin“ (S. 14, Z. 11–13). Seine Kritik beschränkt sich jedoch auf bloße Worthülsen, da er selbst nur hinter seinem Schreibtisch agiert und nichts unternimmt, um zu einem Ermittlungserfolg beizutragen.

Bärlach selbst nimmt die Beschwerden seines Vorgesetzten dementsprechend nicht wirklich ernst und erklärt ruhig, dass sie ihre Arbeit ebenso gut verrichten würden wie die Chicagoer Polizei (vgl. S. 14, Z. 15f.), auf die Lutz immer wieder anspielt, da er einige Zeit in Amerika verbracht hat.

Er ist sich sicher, den Mörder Schmieds zu stellen (vgl. S. 14, Z. 17), und erklärt auf Nachfrage, er habe bereits einen Verdacht (vgl. S. 14, Z. 19f.). Er ist allerdings nicht bereit, den Verdacht offen auszusprechen, und hält diese Information ebenso wie zuvor die sichergestellten Dokumente vor seinem Vorgesetzten zurück (vgl. S. 14, Z. 22). Dem Leser wird an dieser Stelle bewusst, dass Bärlach einen Plan zu verfolgen scheint. Gleichzeitig wird deutlich, wie viel Freiheit der alte Kommissar genießt, da Lutz nicht auf der Offenlegung des Verdachts insistiert. Stattdessen hält er ihm einen kurzen Vortrag über die Entwicklung der Kriminalität. Diese sei natürlich nicht mit der in New York und Chicago vergleichbar, allerdings sei der Mord an Schmied „das sichere Anzeichen, daß es auch hier im Gebäude der öffentlichen Sicherheit zu krachen beginnt" (S. 14, Z. 31–33), weshalb er ein rücksichtloses Eingreifen verlangt (vgl. S. 14, Z. 33f.). Die ständigen Anspielungen auf seine Zeit in Amerika sollen seinem Gegenüber imponieren, es ist jedoch leicht zu durchschauen, dass diese lediglich seine eigenen Unzulänglichkeiten kompensieren sollen, und so lässt sich Bärlach auch nicht von dem Gehabe des Untersuchungsrichters beeindrucken.

III. Abschnitt

Im dritten Sinnabschnitt gibt der Autor erste Hinweise auf Bärlachs schlechten Gesundheitszustand. Der Kommissar ist von einem Magenleiden gezeichnet (vgl. S. 15, Z. 3) und nutzt dieses, um einen Stellvertreter für die Bearbeitung des Falls zu verlangen. Bevor er diese Bitte ausspricht, löscht er seine Zigarre in dem Aschenbecher, den Lutz ihm gereicht hat (vgl. S. 15, Z. 4f.), was noch einmal das Ungleichgewicht des Machtverhältnisses zeigt. Bärlach bittet Lutz, ihm Tschanz als Stellvertreter zur Verfügung zu stellen – ein geschickter Schachzug, da er den jungen Beamten bereits an dieser Stelle für den Mörder hält. Dem Leser erschließt sich dieser Zusammenhang jedoch erst später; bei einem zweiten Lesedurchgang fällt dieses taktische Vorgehen Bärlachs jedoch sofort ins Auge. Diese Verschleierung der wahren Hintergründe und Motive ist ein wichtiges Grundprinzip des Romans und trägt zum Spannungsaufbau bei. Nur durch die von Dürrenmatt geschickt platzierten Informationen und das Aussparen wichtiger Zusammenhänge ist am Ende der große Überraschungseffekt möglich, wenn der Leser alle Puzzleteile zu einem Gesamtbild zusammengefügt hat. Lutz selbst merkt nichts von dem taktischen Vorgehen Bärlachs und stimmt seinem Vorschlag zu, da Tschanz in seinen Augen ein Mann sei, „der immer bemüht ist, kriminalistisch auf der Höhe zu bleiben" (S. 15, Z. 16f.). Im Nachhinein erkennt der Leser, dass Lutz Tschanz völlig falsch eingeschätzt hat, da er den Mörder für sein Können lobt und auch am Schluss nicht fähig ist, die Zusammenhänge zu erfassen. Stattdessen geht er davon aus, dass Tschanz den Fall Schmied gelöst hat und Gastmann in Notwehr erschossen hat, weshalb er Tschanz befördern will (vgl. Kapitel 19, S. 108, Z. 15f.). Diese Fehleinschätzung führt noch einmal die Unzulänglichkeit des Untersuchungsrichters vor Augen und rückblickend scheint er eher eine Witzfigur zu sein als ein fähiger Polizist.

IV. Abschnitt

Nachdem er Bärlach seine Bitte gewährt hat, schaut Lutz in dem sich anschließenden vierten Sinnabschnitt kurz aus dem Fenster; es packt ihn die Lust, mit Bärlach „über den Wert der modernen wissenschaftlichen Kriminalistik zu diputieren" (S. 15, Z. 22f.), dieser hat den Raum jedoch bereits ohne ein Wort verlassen und Lutz bleibt allein zurück. Erneut wird aufgezeigt, dass Lutz lediglich theoretisch Interesse an der Polizeiarbeit hat, während Bärlach als Handelnder ihn nicht ernst nimmt.

Schluss

Insgesamt wird in diesem Romanausschnitt die Unzulänglichkeit des Untersuchungsrichters deutlich. Er hat zwar viel höhere Sprechanteile als Bärlach, füllt diese jedoch nur mit leeren Worthülsen und erscheint somit unglaubwürdig. Zudem wird der Leser bereits im zweiten Kapitel mit einer zentralen Taktik Bärlachs konfrontiert; auch wenn der Leser beim ersten Durchgang noch nicht erkennt, dass auch die Anforderung Tschanz' als Stellvertreter ein ausgeklügelter Schachzug ist, so wird ihm dennoch bewusst, dass der Kommissar einen Plan verfolgt, da er bereits jemanden verdächtigt, relevante Informationen jedoch zurückhält.

Beispielanalyse: drittes Kapitel, S. 18, Z. 12 – S. 21, Z. 15 (aspektgeleitet)

Aufgabe: Analysieren (beschreiben und deuten) Sie den vorliegenden Textauszug aus dem Roman „Der Richter und sein Henker" von Friedrich Dürrenmatt.

Der 1950 von Friedrich Dürrenmatt geschriebene Roman „Der Richter und sein Henker", welcher zunächst in der Zeitschrift „Der Schweizerische Beobachter" erschien, bevor er 1952 als Buch veröffentlicht wurde, thematisiert die Problematik der Verwischung der Grenzen zwischen Recht und Unrecht. Einleitung

Kommissar Bärlach, ein Polizist in Bern, soll den Mord an seinem Untergebenen Schmied aufklären. Von Anfang an hat er einen Verdacht, wer den Mord begangen hat, welcher sich durch von ihm geschickt gestellte Fallen schnell bestätigt. Tschanz, ein ehrgeiziger Polizist, den Bärlach als Stellvertreter in dem Fall anfordert, hat Schmied aus Neid und Eifersucht getötet, um selbst dessen Position einnehmen zu können. Bärlach nimmt Tschanz allerdings nicht fest und klärt ihn nicht über sein Wissen auf, sondern treibt ihn durch geschickt platzierte Informationen und bewusst gewählte Handlungen in äußerste Verzweiflung, da dieser nun mit allen Mitteln einen Täter finden muss. Gastmann, Bärlachs Gegenspieler, bei dem Schmied sich an dem Abend des Mordes aufgehalten hat, da er für Bärlach Ermittlungen über ihn angestellt hat, von denen außer ihnen Inhaltsangabe aber niemand etwas wusste, wird das Ziel des jungen Ermittlers. Dass er tatsächlich aber zur Marionette Bärlachs wird, bemerkt er nicht: Bärlachs und Gastmanns Lebenswege sind eng miteinander verknüpft, da sie viele Jahre zuvor eine Wette eingegangen sind, die schlimme Folgen hat, denn Gastmann begeht von dieser angestachelt schlimme Verbrechen, um Bärlach zu beweisen, dass dieser sie ihm nicht anlasten kann. Bärlach selbst ist mittlerweile schwer krank und ihm bleibt nur noch wenig Zeit, um Gastmann zu stellen. Da es ihm auf legalem Weg nicht gelingt, ihn zu überführen, treibt er Tschanz so sehr in Verzweiflung, bis dieser Gastmann erschießt, ohne zu wissen, dass Bärlach ihn zum Henker gemacht hat.

Übersicht über den Ausschnitt und Einordnung des Ausschnitts in den Roman

Der vorliegende Ausschnitt setzt ein, nachdem Bärlach mit dem Mordfall Schmied betraut worden ist und seinen Vorgesetzten Dr. Lucius Lutz darum gebeten hat, ihm Tschanz als Stellvertreter zur Seite zu stellen. Bevor dieser seine Arbeit aufnimmt, hat Bärlach jedoch schon einige Informationen gesammelt; unter anderem hat er eine Mappe mit Dokumenten aus Schmieds Zimmer sichergestellt und am Tatort eine Revolverkugel gefunden. Nun trifft Tschanz ein, der seinen Urlaub vorzeitig abgebrochen hat, um Bärlach in dem Fall zu assistieren.

Untersuchungsschwerpunkte

In dem ersten Gespräch zwischen Bärlach und Tschanz hat Dürrenmatt bereits viele Hinweise gestreut, dass Tschanz der Mörder Schmieds ist und Bärlach ihn der Tat verdächtigt, was dem Leser jedoch teilweise erst am Ende des Romans bzw. bei einer erneuten Lektüre der Geschichte bewusst wird. Aus diesem Grund sollen die Andeutungen des Autors und die Verhaltensweisen der Figuren, die auf die Schuld Tschanz’ und das taktierende Verhalten Bärlachs hinweisen, im Folgenden näher betrachtet und erläutert werden.

I. Ähnlichkeit als Schuldindiz

Bereits zu Beginn des Auschnitts, als Tschanz Bärlachs Büro betritt, wird rückblickend deutlich, dass Tschanz nach dem Leben Schmieds strebt, denn er sieht ihm so ähnlich, dass

Bärlach „im ersten Moment glaubte […], der tote Schmied komme zu ihm" (S. 18, Z. 15 f.). Bei diesem Anblick „fuhr [Bärlach] zusammen" (S. 18, Z. 15). Tschanz kopiert den Kleidungsstil des Verstorbenen so sehr, dass sie sich zum Verwechseln ähnlich sehen, was Bärlach ein erstes Indiz für die Schuld seines Untergebenen liefert, da dieser den Ermordeten nachahmt und generell gut über seine Gewohnheiten und Lebensumstände informiert ist, wie sich im Laufe des Gesprächs zeigt (vgl. z. B. S. 21, Z. 6).

II. Bärlachs Erregen von Emotionen

Bereits im zweiten Kapitel hat Bärlach Lutz gegenüber eingeräumt, dass er einen Verdacht hat, wer den Mord begangen hat. Diese Vermutung möchte er nun bestätigt wissen und so versucht er, Tschanz zu provozieren, indem er Schmied aufs Höchste lobt und sagt: „[…] der war der begabteste. Der war berechtigt, uns alle einzustecken. […] Tschanz, der war uns über." (S. 19, Z. 4–9) Mit dieser Aussage weckt er in Tschanz bewusst Emotionen; er will ihn aus der Reserve locken und beobachtet dabei gespannt dessen Reaktion. Dieser bleibt jedoch ruhig und entgegnet lediglich: „Das ist möglich." (S. 19, Z. 11 f.) Das Spiel Bärlachs hat allerdings erst begonnen und er wird die Provokation und die emotionale Belastung immer weiter fortführen, sodass Tschanz an späterer Stelle sogar erzürnt das Tatmotiv preisgibt (vgl. Kapitel 14, S. 86).

III. Bewusstes Streuen von Informationen

Bärlach provoziert Tschanz jedoch nicht nur emotional, er erhöht zudem den Druck auf ihn, indem er dessen Angst, als Täter entlarvt zu werden, steigert, wenn er ihm von dem Fund der Revolverkugel berichtet. Es entsteht der Eindruck, Bärlach kläre Tschanz lediglich über den Ermittlungsstand auf, schnell wird jedoch deutlich, dass er bewusst entscheidet, welche Informationen er ihm zukommen lässt und welche er zurückhält. Der Fund der Kugel, die Schmied getötet hat, stellt für Tschanz eine Gefahr dar, da sie aus seiner Waffe stammt und ihn somit überführen kann. Bärlach baut darauf, Tschanz in tiefe Verzweiflung zu stürzen, um ihn lenken zu können. Somit ist das Nennen dieser Information Teil seines geschickt geplanten Vorgehens.

IV. Zurückhalten bestimmter Informationen

Im Gegensatz zu der Aufklärung über die Sicherstellung der Kugel hält er anderes Wissen bewusst zurück und gibt vor, keine Kenntnis zu haben, weshalb sich Schmied in Twann aufgehalten hat (vgl. S. 19, Z. 21 f.), und lässt Tschanz selbst die Szene des Mordes rekapitulieren, sodass der Mörder selbst den Tathergang schildert (vgl. S. 19, Z. 31 – S. 20, Z. 5). Dieses Vorgehen lässt Tschanz beim ersten Lesen zunächst kompetent erscheinen, da er dem scheinbar ahnungslosen alten Kommissar viele Informationen liefert, die dieser augenscheinlich nicht beschaffen konnte. Im Nachhinein bekommt die Schilderung des Tathergangs durch Tschanz jedoch einen perfiden Beigeschmack und Bärlach selbst zeigt sich als ein Mann, der taktisch agiert und höchst berechnend ist.

V. Bärlachs Taktik

Dürrenmatt lässt Bärlach anfangs unprofessionell wirken, da er weder die Leiche begutachtet noch die Protokolle gelesen hat (vgl. S. 20, Z. 15 – 19), wohingegen Tschanz zunächst engagiert und kompetent wirkt. Tatsächlich jedoch verbirgt sich hinter dem Verhalten Bärlachs eine ausgeklügelte Taktik, denn er gibt vor, unwissend zu sein, um Tschanz zu beobachten und ihn eine eigene Theorie entwickeln zu lassen, die ihn selbst entlasten soll. Als Tschanz sich darüber wundert, dass Bärlach noch nicht einmal weiß, dass Schmied eine Freundin namens Anna hatte, entgegnet er: „Mich interessiert eben nur, wer Schmieds Mörder ist, Tschanz.“ (S. 21, Z. 9 f.) Er selbst hat durch sein vorgetäuschtes Unwissen jedoch viele Informationen erhalten und einen ersten Eindruck darüber bekommen, wie gut Tschanz über die Lebensumstände des Verstorbenen informiert ist.

VI. Bärlachs Selbstoffenbarung

Als Tschanz sich über die Ermittlungsweise seines Vorgesetzten wundert und lachend sagt: „Was Sie doch für ein Mensch sind, Kommissär Bärlach.“ (S. 21, Z. 12 f.), entgegnet dieser ernsthaft: „Ich bin ein großer alter schwarzer Kater, der gern Mäuse frißt." (S. 21, Z. 14f.) Mit dieser Selbstoffenbarung gibt Bärlach viel über sich preis, auch wenn Tschanz seine Aussage nicht einzuordnen weiß. Wie eine Katze genießt Bärlach es, seine Beute zu jagen und mit ihr zu spielen. Dass er eine Jägernatur ist, wird später insbesondere an der langjährigen Verfolgung Gastmanns deutlich, das Bild passt aber auch sehr gut zu der Beziehung von Tschanz und Bärlach, denn er spielt mit Tschanz, indem er ihn im Dunkeln über sein Wissen lässt und es genießt, ihn für seine Zwecke zu instrumentalisieren. Die Aussage Bärlachs kann somit rückblickend auch als Drohung verstanden werden.

Schluss

Insgesamt gibt die erste Unterredung zwischen Bärlach und Tschanz erste Hinweise darauf, dass der alte Kommissar einen Plan verfolgt, da er Informationen zurückhält und andere Hinweise bewusst streut, um Tschanz, den er des Mordes verdächtigt, in Bedrängnis zu bringen. Wenn auch beim ersten Lesen zunächst der Eindruck entstehen kann, dass Tschanz kompetent an der Lösung des Falles arbeitet, während Bärlach träge wirkt und unkonventionelle Methoden verfolgt, so wird rückblickend deutlich, dass es sich bei Bärlachs Verhalten um eine geschickt zurechtgelegte Taktik handelt und sein Benehmen gegenüber Tschanz von Berechnung geprägt ist. Bärlach verdächtigt Tschanz von Anfang an des Mordes. Als sein Verdacht sich dann bestätigt, nachdem er durch eine Falle eine Kugel aus Tschanz' Revolver sichergestellt hat, hegt er keine Zweifel mehr und treibt Tschanz in immer größere Verzweiflung, bis dieser Gastmann erschießt. Dürrenmatt hat die Hinweise auf die Schuld und Bärlachs Vorgehen geschickt gestreut, sodass erst am Ende alle Zusammenhänge aufgedeckt werden. Beim zweiten Lesen scheinen diese Andeutungen und Verhaltensweisen der Figuren jedoch bereits zu Beginn des Romans eindeutig auf Tschanz als Mörder zu verweisen.

Der Blick auf die Prüfung: Themenfelder

Dieses Kapitel dient zur unmittelbaren Vorbereitung auf die Prüfung: Schulaufgabe bzw. Klausur oder schriftliche bzw. mündliche Abiturprüfung. Die wichtigsten Themenfelder werden in einer übersichtlichen grafischen Form dargeboten. Außerdem verweist eine kommentierte Liste mit Internetadressen (S. 117) auf mögliche Quellen für Zusatzinformationen im Netz.

Die schematischen Übersichten können dazu genutzt werden,

- die wesentlichen Deutungsaspekte des Romans kurz vor der Prüfungssituation im Überblick zu wiederholen,
- die Kerngedanken des Romans nochmals selbstständig zu durchdenken und
- mögliche Verständnislücken nachzuarbeiten.

Zum Verständnis der Schemata ist die Kenntnis der vorangegangenen Kapitel unerlässlich. Die folgende Schwerpunktsetzung beruht auf Erfahrungen aus jahrelanger Prüfungspraxis. Die Übersicht IV (Vergleichsmöglichkeiten mit anderen literarischen Werken, S. 116) kann als Anregung dienen, um den eigenen Lektürekanon auf möglicherweise interessante Vergleichspunkte hin abzuklopfen.

Übersicht I: Chronologie der Ereignisse

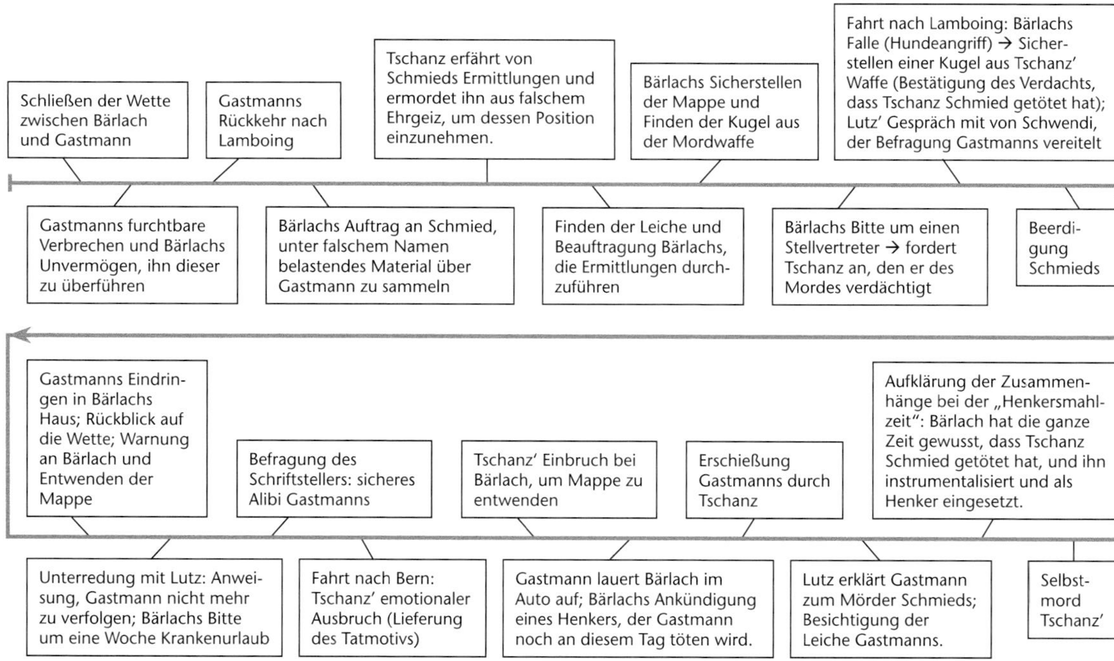

Übersicht II: Symbolhaltige Darstellungen

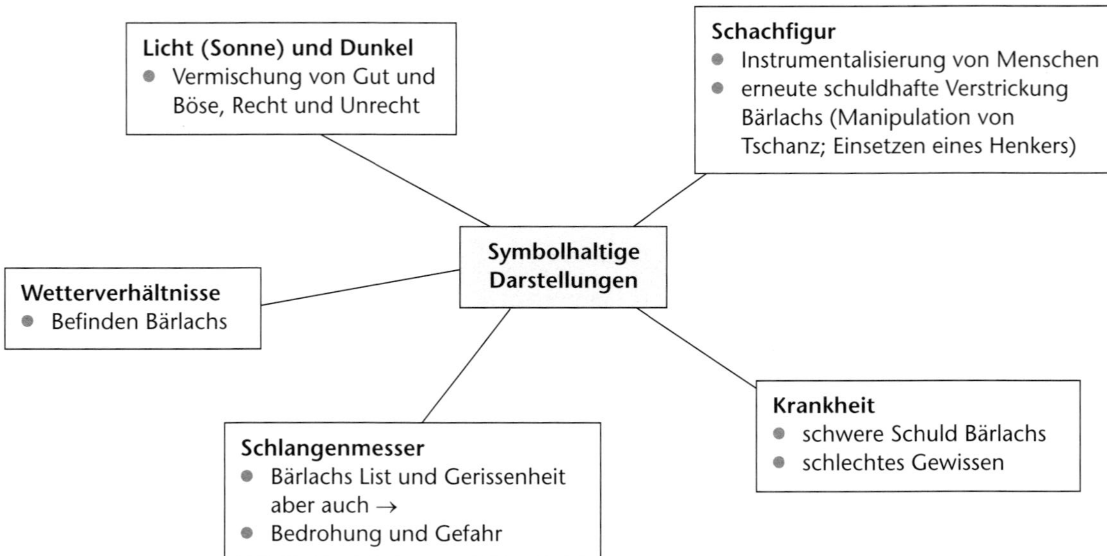

Übersicht III: Zentrale Themen

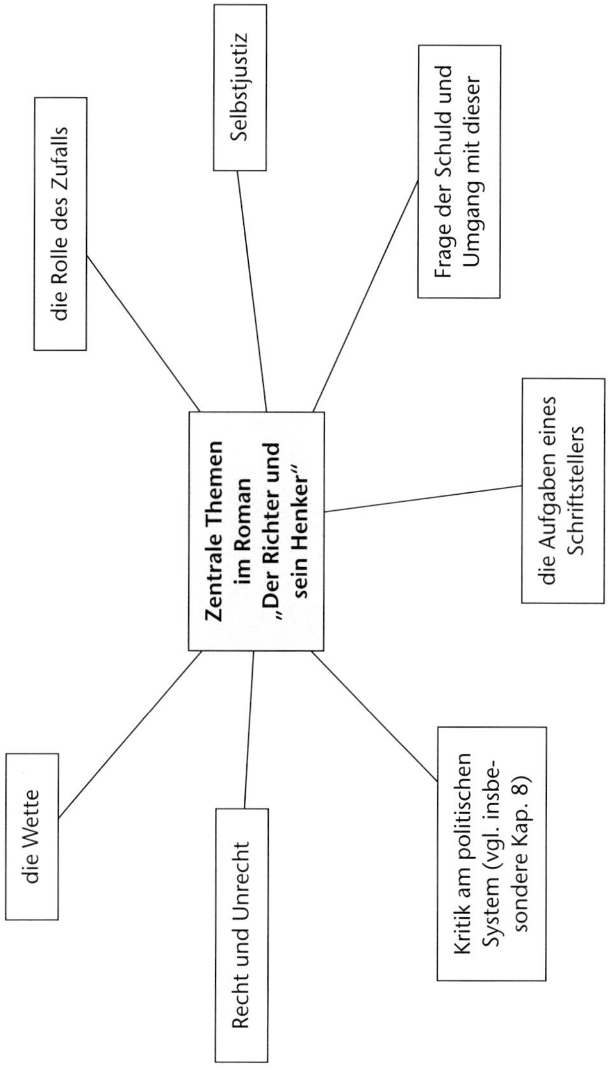

Übersicht IV: Vergleichsmöglichkeiten mit anderen literarischen Werken

Dürrenmatts Roman „Der Richter und sein Henker“

Figurenvergleich, z. B.
- Bärlach mit Dürrenmatts Romulus („Romulus der Große“)
- Bärlach mit Dürrenmatts Möbius („Die Physiker)

Themen und Motive: Vergleich des Romans mit
- Dürrenmatts „Die Physiker“ (Frage der Schuld)
- Dürrenmatts „Der Besuch der alten Dame“ (Recht und Unrecht)
- Goethes „Faust“ (Wette)
- Brechts „Dreigroschenroman“ (Kritik am System)

Dürrenmatts Detektivroman im Vergleich mit
- Doyles „Sherlock Holmes: Eine Studie in Scharlachrot“
- Poes „Der Doppelmord in der Rue Morgue“
- Glausers „Wachtmeister Studer“
- Chandlers „Der große Schlaf“

Internetadressen

Unter diesen Internetadressen kann man sich zusätzlich informieren:

www.raffiniert.ch/sduerrenmatt.html
(Interpretation wichtiger Werke Dürrenmatts)

www.duerrenmatt.net/
(umfangreiche Informationen zur Biografie und Werken Dürrenmatts)

www.rhetoriksturm.de/der-richter.php
(Kurzzusammenfassung des Romans)

www.dieterwunderlich.de/Durrenmatt_richter_henker.htm
(ausführliche Buchbesprechung)

www.diogenes.de/leser/autoren/a-z/d/duerrenmatt_friedrich/biographie
(Autorenporträt und Übersicht der Werke)

www.lehrer.uni-karlsruhe.de/~za874/homepage/duerrenmatt.htm
(umfangreiche Informationen zur Biografie und Werken Dürrenmatts)

www.xlibris.de/Autoren/Duerrenmatt/Werke/Der+Richter+und+sein+Henker?page=0%2C1
(Kurzinterpretation)

[Stand: 06.01.2014]

Literatur

Textausgabe

Dürrenmatt, Friedrich: Der Richter und sein Henker. Diogenes. Zürich 1992

Sekundärliteraur

Alewyn, Richard: Anatomie des Kriminalromans. In: Jochen Vogt. Der Kriminalroman. Poetik, Theorie, Geschichte. Wilhelm Fink Verlag. München 1998

Bollinger, Luis/Buchmüller, Ernst (Hrsg.): play Dürrenmatt. Ein Lese- und Bilderbuch. Diogenes. Zürich 1996

Brock-Sulzer, Elisabeth: Friedrich Dürrenmatt. Stationen seines Werkes. Diogenes. Zürich 1986

Dürrenmatt, Friedrich: Theaterprobleme. In: Friedrich Dürrenmatt. Theater-Schriften und Reden. Hrsg. von Elisabeth Brock-Sulzer. Verlag der Arche. Zürich 1966

Jens, Walter (Hrsg.): Kindlers Neues Literaturlexikon. Band 4. Kindler Verlag. München 1998

Matzkowski, Bernd: Erläuterungen zu Friedrich Dürrenmatt: Der Richter und sein Henker. In: Bange Verlag (Hrsg.), Königs Erläuterungen und Materialien. Band 42. Hollfeld 2011

Nusser, Peter: Der Kriminalroman. J. B. Metzler Verlag. Stuttgart ^{4}2009

Schweikle, Günther und Irmgard (Hrsg.): Metzler Lexikon Literatur. Begriffe und Definitionen. Metzler Verlag. Stuttgart 1990

Seifert, Walter: Friedrich Dürrenmatt, Der Richter und sein Henker. Oldenbourg Interpretationen Band 8. Oldenbourg Verlag. München 1988

Wilpert, Gero von: Sachwörterbuch der Literatur. Alfred Kröner Verlag. Stuttgart 1989

Websites

- www.zeit.de/1996/29/Mord_in_der_Idylle/seite-2
- www.duerrenmatt.net/

[Stand: 06.01.2014]

Notizen

Notizen